C.H.BECK ■ WISSEN

Es spricht manches dafür, dass die Slawen ihren Namen vom Wort «slovo» (Wort) hergeleitet, sich mithin von Anfang an als eine Gemeinschaft von Menschen gesehen haben, die sich gegenseitig verstehen. Auch die moderne Sprachwissenschaft hat «die Slawen» in erster Linie als eine Sprachgemeinschaft konstituiert. Aber waren die Slawen, seit sie im 6. Jahrhundert in die dokumentierte Geschichte eintraten, nur dies? Der vorliegende Band geht dieser Frage nach und untersucht, in welchem Sinn zu welchen Zeiten – vom frühen Mittelalter bis heute – von «den Slawen» gesprochen worden ist.

Eduard Mühle ist Professor für Geschichte Ostmittel- und Osteuropas an der Westfälischen Wilhelms-Universität Münster; er war 1995–2005 Direktor des Leibniz-Instituts für historische Ostmitteleuropaforschung in Marburg und 2008–2013 Direktor des Deutschen Historischen Instituts in Warschau. In der Reihe «Wissen» liegt von ihm vor: «Die Piasten. Polen im Mittelalter» (2709).

Eduard Mühle

DIE SLAWEN

Verlag C.H.Beck

Mit 2 Karten in den Umschlaginnenseiten
© Peter Palm, Berlin

Originalausgabe
© Verlag C.H.Beck oHG, München 2017
Satz, Druck und Bindung: Druckerei C.H.Beck, Nördlingen
Umschlaggestaltung: Uwe Göbel, München
Umschlagabbildung: Der Umschlag zeigt die Sclavinia als
Personifizierung der Slawen im Umfeld des Ottonenreiches,
Detail aus: Otto III., deutscher König und Kaiser, 980–1002.
Huldigungsbild: Die dem Kaiser huldigenden vier Provinzen Sclavinia,
Germania, Gallia und Roma. Farblithographie, 19. Jh., nach
Buchmalerei, Reichenau, Ende 10. Jh., aus dem Evangeliar Ottos III.
(Original 334 x 242 mm, München, Bayerische Staatsbibliothek,
Clm 4453, fol. 23 v).
Printed in Germany
ISBN 978 3 406 70986 9

www.chbeck.de

Inhalt

I. Einleitung

«Die Slawen» – das ist zunächst einmal eine Abstraktion der modernen Sprachwissenschaft. Als die Sprachforscher im 18. Jahrhundert die indoeuropäische Sprachwelt in «Sprachfamilien» und «Sprachvölker» einzuteilen begannen, ordneten sie die slawischen Sprachen einem eigenständigen Sprachzweig zu. Damit schufen sie die moderne philosophisch-wissenschaftliche Grundlage, auf der «die Slawen» als eine besondere Gemeinschaft imaginiert werden konnten, die mehr als ihre sprachliche Verwandtschaft verbunden haben soll. In dieser Tradition wird bis heute von «den Slawen» gesprochen, werden Sorben, Polen, Tschechen, Slowaken als Westslawen, Ukrainer, Weißrussen und Russen als Ostslawen und Slowenen, Kroaten, Bosnier, Montenegriner, Serben, Bulgaren und Mazedonier als Südslawen bezeichnet. Dabei lässt sich kaum benennen, was die einzelnen ethnisch-nationalen Großgruppen, deren knapp 250 Millionen Angehörige über 35 % der heutigen europäischen Bevölkerung ausmachen, jenseits der Verwandtschaft ihrer Sprachen in der Vergangenheit verbunden haben soll bzw. in der Gegenwart verbindet.

Es war denn auch in erster Linie die identitätsstiftende Wirkung und geschichtspolitische Funktion der Erinnerung an die postulierte Gemeinschaft, die die neuzeitliche Vorstellung von «den Slawen» inspiriert und getragen hat. Sowohl die unter den Habsburgern, Hohenzollern und Romanovs nach politisch-nationaler Emanzipation strebenden slawischsprachigen Völker als auch das imperialistische Zarenreich (und in seiner Nachfolge die Sowjetunion) haben im 19. und 20. Jahrhundert in diesem Sinn gern eine slawische Gemeinschaft bzw. eine gemeinsame slawische Vergangenheit beschworen, um ihre jeweiligen aktuellen politischen Ziele zu legitimieren. Und auch der westlichen Außensicht kam die Vorstellung von einem besonderen

ethnisch oder kulturell definierten «Slawentum» in ihrer ein-
gefleischten Überzeugung von der vermeintlichen romanisch-
germanischen Kulturüberlegenheit mehr als entgegen.

Vor diesem Hintergrund erzählt der vorliegende knappe
Überblick die Geschichte der Slawen aus einer doppelten Perspektive. Zum einen soll gezeigt werden, wie «die Slawen» – ansatzweise bereits im Mittelalter, besonders wirkmächtig dann
seit dem 18. Jahrhundert – als ein kulturalistisches Konstrukt
entworfen und in verschiedenen Kontexten geschichtspolitisch
instrumentalisiert worden sind. Zum anderen sollen die realen
historischen Strukturen beschrieben werden, die sich hinter
dem Phänomen «die Slawen» entdecken lassen. Dazu werden
zunächst (Kap. II) die slawischsprachigen Bevölkerungsgruppen
des 6. bis mittleren 9. Jahrhunderts in den Blick genommen,
deren noch recht einfache Gesellschaftsstrukturen dem Bild von
der «slawischen Einheit» zweifellos am nächsten kamen. So-
dann ist zu zeigen (Kap. III), wie sich die relative Einheitlichkeit
der «frühslawischen Kultur» seit dem mittleren 9.–10. Jahrhundert infolge der Transformation der ‹staatenlosen› Gesellschaften zu großräumigen politischen Herrschaftsgebilden auf-
zulösen begann. Mit der machtpolitischen und gesellschaftlichen
Konsolidierung einzelner slawischer Königs- und Fürstenherrschaften, mit ihrer Verchristlichung und Umwandlung in mittelalterliche *nationes* kam es zu einer signifikanten Einengung des
hochmittelalterlichen Slawenbegriffs. «Die Slawen» – das waren
nun vor allem jene slawischen Gesellschaften, denen die eigenständige Staats- und Nationswerdung verwehrt blieb, die zunächst weiterhin ihre gentilreligiösen Verhältnisse perpetuierten
und dann aus diesen heraus unmittelbar in die Strukturen fremder Territorialherrschaften integriert wurden. Dieser Vorgang
lässt sich (Kap. IV) außer im Ostalpengebiet besonders ein-
dringlich im Gebiet zwischen Elbe und Oder, in der sogenannten *Germania Slavica*, beobachten. Hier kam es im Rahmen des
hoch- und spätmittelalterlichen Landesausbaus zu spezifischen
Assimilationsvorgängen, die im heutigen Ostdeutschland bis in
die Gegenwart hinein spürbar sind.

Das Aufgehen der Alpen-, Elb- und Ostseeslawen in einer besonderen deutsch-slawischen Kontaktzone entzog der Vorstellung von einer slawischen Einheit ebenso die materielle Grundlage wie die politische und kulturelle Konkurrenz der eigenständigen osteuropäischen *nationes*. Dennoch wurde gerade jetzt (Kap. V) die bereits im Frühmittelalter da und dort sporadisch aufkeimende Idee von einer gemeinsamen Herkunft und Geschichte der Slawen besonders profiliert. Die an den Höfen in Kiew, Prag oder Krakau produzierten, in der frühen Neuzeit mitunter spekulativ weiterentwickelten gelehrten Bilder von einer vermeintlich uralten slawischen Gemeinsamkeit und Einheit hatten durchsichtige geschichtspolitische Funktionen zu erfüllen. Damit standen sie den im ausgehenden 18. bis 20. Jahrhundert konstruierten und instrumentalisierten Konzepten einer slawischen Einheit (Kap. VI) bereits weitaus näher als der Wirklichkeit der spätmittelalterlich-frühneuzeitlichen osteuropäischen Lebenswelten.

Der nachfolgende Versuch, das Phänomen «die Slawen» zwischen der Realität ihrer tatsächlichen Lebenswelten und der Virtualität ihrer gelehrten Imagination auf nur 120 schmalen Druckseiten zu erfassen, muss zwangsläufig an Grenzen stoßen und vieles unberücksichtigt lassen. Dass die westslawischen Nachbarregionen gegenüber den ost- und südslawischen Regionen etwas stärker berücksichtigt werden, mag der deutschsprachige Leser aus seiner unmittelbaren Nachbarschaft heraus vielleicht begrüßen. Insgesamt bleibt zu hoffen, dass es bei aller Kürze und Verkürzung gelungen ist, dem Leser verständliche Einsichten in die wichtigsten Facetten des Phänomens zu eröffnen.

II. Die Slawen im frühen Mittelalter

1. Migration und Landnahme

Slawischsprachige Bevölkerungsgruppen werden in den Quellen nicht vor dem 6. Jahrhundert fassbar. Sie kamen zu diesem Zeitpunkt selbstverständlich nicht aus dem Nichts und hatten ihre Vorgeschichte. Doch entzieht sich diese bis heute einer unumstrittenen wissenschaftlichen Erkenntnis. Weder die Geschichts- und Sprachwissenschaft noch die Archäologie und Anthropologie haben bislang allgemein anerkannte Antworten auf die Frage nach der Herkunft der slawischsprachigen Bevölkerung Europas geben können. Alle Versuche, ein ursprüngliches Kerngebiet, eine «Urheimat», zu identifizieren, aus der sich die Slawen sukzessive ausgebreitet haben sollen, sind in ihrer Widersprüchlichkeit und Polemik ebenso ohne sichere Ergebnisse geblieben wie die Bemühungen, die Genese der slawischen Sprache genauer zu datieren und in ihrer frühen Entwicklung zu erhellen.

Es waren byzantinische Geschichtsschreiber, die seit den 550er-Jahren notierten, wie feindliche Verbände die Nordgrenze des Oströmischen Reiches, die Donau, überquerten und auf byzantinisches Territorium vordrangen. Die neue Bedrohung trat nicht nur in Gestalt turksprachiger Reiterkrieger und rätselhafter, wahrscheinlich iranischstämmiger Anten, sondern auch in Gestalt von Gruppen hervor, die man als *Sklabenoi, Sklaboi* bzw. *Sclavini* bezeichnete. Diese griechischen und lateinischen Ethnonyme haben die Byzantiner offenbar aus dem slawischen Wort *slov-ěne abgeleitet, einer Selbstbezeichnung, über deren Etymologie die Sprachwissenschaft allerdings bis heute streitet und die in der griechischen Phonetik nur mithilfe eines zwischen S und l eingeschobenen k entlehnt werden konnte.

Die Wohnsitze der mithin slawischsprachigen Angreifer verorteten die frühbyzantinischen Chronisten auf den jenseitigen Ufern der mittleren und unteren Donau. Von dort aus überfielen sie, wie Prokop von Caesarea vor 562 schrieb, seit Beginn der Herrschaft Kaiser Justinians I. (d. h. seit etwa 527) «fast Jahr für Jahr» «Illyrien und ganz Thrakien, vom Ionischen Meerbusen bis zu den Vorstädten von Byzanz, dazu Griechenland und den Cherrones». Dabei plünderten sie – so Prokop weiter – «frech sämtliche Gebiete», «hausten fürchterlich» und «unmenschlich», fügten der römischen Bevölkerung «gräßliche Leiden» und «schreckliche Grausamkeiten» zu, verübten «unbeschreibliche Gräueltaten», brachten Gefangene auf qualvolle Weise zu Tode und schleppten neben reicher Beute unzählige Überlebende in die Sklaverei fort (um sie anschließend oft gegen Lösegeld wieder freizulassen). Als derart «unerbittliche und unnahbare Feinde», die «voll unersättlicher Kriegslust» ohne Grund Krieg begannen und ohne eine Gesandtschaft vorauszuschicken angriffen, wurden die *Sklabenoi* von Prokop nicht anders denn als «Barbaren», ja eine «tierähnliche Menschengruppe» wahrgenommen. Daran ändert auch jene viel zitierte Charakterisierung nichts, die der byzantinische Autor an anderer Stelle in seine Darstellung der Gotenkriege einrückte und nach der die vermeintlich urdemokratisch organisierten, stets nur leicht bewaffnet und halbnackt in den Kampf ziehenden *Sklabenoi* zwar primitive, aber doch «keineswegs schlechte und bösartige Menschen» gewesen seien. Diese Charakterisierung ist ebenso als eine von antiken Topoi geprägte literarische Stilisierung anzusehen wie jenes Idyll, das einige Jahrzehnte später der byzantinische Historiker Theophylaktos Simokates zeichnete, als er beiläufig von der Gefangennahme dreier Slawen durch die Leibwache Kaiser Maurikios' berichtete. Vom Kaiser selbst befragt, warum sie «kein Eisen anhatten und keine Kriegsgeräte mit sich führten», hätten die Gefangenen erklärt, dass sie «vom Krieg noch nichts gehört hätten» und «nicht darin geübt seien, ihrem Körper Waffen anzulegen; in ihrem Lande nämlich sei Eisen unbekannt und sie führten daher ein friedliches und ruhiges Leben». Diese Beschreibung steht auch bei Theophylaktos Simokates ziemlich singulär zahlreichen Schilderungen fortgesetzter slawischer Kriegshandlungen gegenüber. Auch andere byzantinische Quellen warnten vor der militärischen Gefährlichkeit der Slawen, mochten diese auch lediglich mit Wurfspießen, hölzernen Bögen, Giftpfeilen und starken Schilden ausgerüstet gewesen sein.

Seit den 580er-Jahren traten die *Sklabenoi* dabei wiederholt im Bund mit den reiternomadischen Awaren auf. Diese waren um die Mitte des 6. Jahrhunderts aus der osteuropäischen Steppe ins Karpatenbecken vorgedrungen und hatten dort nach 568 ein mächtiges Khaganat errichtet. Die von ihnen wohl nicht nur an der unteren und mittleren Donau, sondern auch am Nord- und Ostrand der Karpaten sowie im Karpatenbecken selbst angetroffene slawischsprachige Bevölkerung unterwarfen sie einem ambivalenten Bündnis- und Abhängigkeitsverhältnis, dem sich Teile der Unterworfenen durch Migration zu entziehen versuchten. So drangen slawischsprachige Gruppen nicht nur weiter gegen Thrakien und Makedonien, ja bis nach Hellas und auf den Peloponnes vor, sondern machten zunehmend auch den westlichen Balkan unsicher. Schon um 590 gelangten entsprechende Nachrichten bis nach Spanien, wo der katholische Westgote Johannes von Biclaro zum ersten Mal außerhalb byzantinischer Grenzen über *Sclavini* berichtete, die in Thrakien viele Städte der Römer verwüsten würden. Etwa gleichzeitig erhielt Papst Gregor I. aus dem byzantinischen Exarchat von Ravenna erste Nachrichten über slawische Einfälle in Dalmatien und Istrien.

Bis weit ins 7. Jahrhundert hinein kannten die griechisch-byzantinischen und lateinisch-westlichen Quellen Slawen nur als Personenverbände, die sich zwischen Aquileja und Monemvasia, Tomi und Konstantinopel sporadisch auf byzantinischem Boden bewegten. Dass in Byzanz darüber hinaus im 6.–7. Jahrhundert bereits auch Teile der späteren West- oder Ostslawen bekannt gewesen wären, wie die ältere Forschung aus den toposhaften, wohl der *Germania* des Tacitus entlehnten Angaben des Jordanes gefolgt hat, ist eher unwahrscheinlich. Selbst für die aus unmittelbarer Nachbarschaft und leidvoller Berührung bekannten *Sklabenoi* blieb das byzantinische Bild noch lange unscharf. Man nahm sie zunächst weiterhin nur pauschal als eine undifferenzierte ‹barbarische› Gegnergruppe wahr – auch wenn immer öfter slawischsprachige Einzelpersonen und Söldnergruppen in byzantinische Dienste eintraten. Nach und nach ließen sich dann auch ganze Siedelgemeinschaften dauerhaft auf oströmischem Boden nieder. Die dem Thessaloniker Stadtheiligen Demetrius gewidmeten Wunderberichte (*Miraculi sancti Demetrii*) bezeugen solche Landnahmen in Makedonien bereits für die zweite Hälfte des 7. Jahrhunderts. Diese Landnahmen sind außer in den Schriftquellen vor allem durch slawische bzw. slawisch beeinflusste Ortsnamen bezeugt, haben archäologisch aber nur wenig Niederschlag gefunden. Reichweite und Intensität des frühmittelalterlichen slawischen Vordringens auf dem Balkan und in Griechenland, das sich ebenso stetig wie unspektakulär vollzog, lassen sich daher nur schwer genauer abschätzen.

Auch nördlich des Awarenkhaganats, im östlichen Mitteleuropa, kam es nach Abzug germanischer Verbände und der Zuwanderung der Awaren zu slawischen Migrationsbewegungen. Diese blieben der byzantinischen Wahrnehmung freilich verborgen und gerieten auch den westlich-lateinischen Quellen zunächst nur punktuell und zufällig in den Blick. Das geschah zum ersten Mal in der bis 660 abgeschlossenen austrasisch-merowingischen Chronik des so genannten Fredegar. In ihr ist von *Sclavi* bzw. unter Verwendung der germanischen, von den antiken *Venedi* abgeleiteten Fremdbezeichnung für Slawen von *Winedi* die Rede, die mit fränkischen Kaufleuten Handel trieben, sich gegen die Oberherrschaft der Awaren auflehnten und in diesem Zusammenhang einen fränkischen Kriegerhändler namens Samo zu ihrem *rex* wählten. Dessen Herrschaft (*regnum*) hätten sich auch die von einem *dux Dervanus* angeführten Sorben (*Surbi*) angeschlossen, die – wie die Chronik explizit hervorhob – slawischer Abkunft (*ex genere Sclavinorum*) gewesen seien, aber schon lange zum Frankenreich gehört hätten. Zusammen seien diese Slawen in Konflikt mit König Dagobert I. geraten, dessen Truppen sie beim *castrum Wogastisburc* in die Flucht geschlagen hätten, woraufhin sie anschließend wiederholt nach Thüringen und in weitere Gebiete (*pagi*) des Frankenreiches eingefallen seien. An anderer Stelle berichtete die Fredegar-Chronik, dass *Winedi* auch irgendwo zwischen Pannonien und Bayern in einer *marca Vinedorum* unter einem *dux Walluc* lebten.

Ähnlich wie in Byzanz gerieten also auch bei den Franken um die Mitte des 7. Jahrhunderts zunächst nur jene slawischsprachigen Verbände in den Blick, die in direkter östlicher Nachbarschaft des Merowingerreiches lebten und dessen Grenzen bedrohten. Anders als in Byzanz blieb das Zeugnis der Fredegar-Chronik aber noch für ein Jahrhundert praktisch singulär. Erst seit der zweiten Hälfte des 8. Jahrhunderts berichten lateinische Quellen erneut von Slawen. Dabei begegnen sie zum Teil bereits als abgabenpflichtige Siedler auf karolingischen Grundherrschaften oder selbstständige Kolonisten in deren Nachbarschaft. Besonders kompakt entwickelte sich eine solche friedliche Integration slawischer Siedelgemeinschaften in das Frankenreich am oberen Main, wo seit dem 9. Jahrhundert die Main- und Regnitzwenden (*Moinwinida et Radanzwinida*) belegt sind, sowie im bayerischen Donaugebiet.

In den 790er-Jahren berichtete der Langobarde Paulus Diaconus aus oberitalienischer Perspektive ausführlich von Slawen, genauer von den Karantanen im heutigen Kärnten und Slowenien. Diese hätten die Bayern und Langobarden bedrängt und seien dabei nicht zuletzt als «slawische Räuber» (*latrunculi Sclavorum*) in Erscheinung getreten. Zur gleichen Zeit wurden auch die fränkischen Reichsannalen auf Slawen aufmerksam. Neben Karantanen, unterpannonischen und Balkan-Slawen (*Sorabi*/Serben; *Timociani*) nahmen sie in erster Linie jene slawischsprachigen Verbände wahr, die jenseits der direkten karolingischen Herrschaft mit dem nordöstlichen Ausgreifen Karls des Großen in den fränkischen Horizont gerieten. Dabei handelte es sich um Abodriten, Wilzen, *Linones, Smeldingi*, Böhmen und Mährer. Mit ihnen stießen die Franken seit 789 unmittelbar jenseits der Elbe, an der südlichen Ostseeküste, an Saale und Mulde, in Thüringen und Ostbayern vorwiegend in militärischen Auseinandersetzungen zusammen. Einhard, der

Biograph Kaiser Karls, bezeichnete sie denn auch als «barbarische und wilde Völkerschaften», wusste aber schon, dass sie «so ziemlich die gleiche Sprache reden, in Sitten und Tracht aber sehr voneinander verschieden sind».

Eine um die Mitte des 9. Jahrhunderts im süddeutschen Raum erstellte «Beschreibung der Burgen und Regionen nördlich der Donau» erfasste dann in einer von Nord nach Süd die Ostgrenze des Karolingerreiches abschreitenden Aufzählung die unmittelbar benachbarten slawischsprachigen Bevölkerungsverbände schon recht präzise, kannte auch für weiter östlich lebende Gruppen zahlreiche, zweifelsfrei historische Gentilnamen. Doch dürften viele der insgesamt 58 von ihr aufgeführten Namen osteuropäischer Siedelverbände ebenso vage, teils auch erfunden gewesen sein wie die in vielen Fällen absolut phantastischen Zahlen der ihnen zugeschriebenen Burgen bzw. Burgbezirke (*civitates*).

Bis ins 9. Jahrhundert hinein blieb die Kenntnis der byzantinischen und fränkischen Zeitgenossen vom östlichen Europa auf einen vielleicht 200–400 km breiten Gebietsstreifen beschränkt, der sich in einem leicht geschwungenen Bogen von Holstein im Norden entlang der Elbe, Saale, des Böhmerwalds, der Ostalpen und dalmatinischen Adriaküste über Makedonien und Thrakien bis vor die Tore Konstantinopels im Südosten zog. Was östlich und nördlich dieses, über weite Strecken auch noch keineswegs flächendeckend, sondern kaum mehr als in einzelnen größeren oder kleineren Siedlungsinseln wahrgenommenen Gebietes in der Tiefe des osteuropäischen Kontinents passierte, mochten die Zeitgenossen allenfalls erahnen. Auch den heutigen Historikern ergeht es, solange sie sich mit ihren Schriftquellen begnügen, nicht anders. Weiterführende Einsichten eröffnen allenfalls die Archäologie und die Sprachwissenschaft. Doch können auch sie kaum die frühmittelalterlichen Migrationsvorgänge selbst erfassen, geschweige denn etwas über deren Motive und Ursachen aussagen. Worüber die Hydro- und Toponymie sowie die archäologischen Funde und Befunde Aufschluss zu geben vermögen, sind vor allem die Ergebnisse der Wandervorgänge. Wie die Schriftquellen bieten auch die

Sprachzeugnisse und Bodenfunde vor allem punktuelle Momentaufnahmen über die zu einem bestimmten Zeitpunkt in einer bestimmten Region etablierten Bevölkerungs- und Siedlungsstrukturen.

Folgt man den Sprachwissenschaftlern, so war die überwiegende Mehrheit der Osteuropäer bereits im 6.–8. Jahrhundert slawischsprachig. Nur ein kleinerer Teil der vielleicht 3–4 Millionen Menschen, die sich damals über die riesige Fläche des östlichen Europa verteilten, gehörte im nördlichen Ostmitteleuropa zu alteingesessenen Sprechern des Baltischen. Daneben lebten im russischen Norden und im Karpatenbecken aus dem Osten zugewanderte Finno-Ugrier, auf dem Balkan romanisierte Sprecher des Dako-Thrakischen und in den südöstlichen Steppenzonen turksprachige und iranische Bevölkerungsgruppen. Welche Sprache die Bewohner der archäologisch untersuchten Burgen, Siedlungen und Gräberfelder oder die Besitzer aufgefundener Artefakte einst gesprochen haben, darüber kann die Archäologie keine sicheren Angaben machen. Den dennoch immer wieder unternommenen Versuchen, archäologische Fundkomplexe auch ethnisch zu deuten, sie beispielsweise «den Slawen» oder im Sinne einer ethnischen Binnendifferenzierung gar einzelnen slawischen Teilverbänden («Kulturräumen» oder «Stammesverbänden») zuzuordnen, muss daher mit Vorsicht begegnet werden.

Dessen ungeachtet hat sich in der Forschung die Überzeugung festgesetzt, dass ein bestimmtes Set von archäologischen Funden und Befunden als Ausdruck einer «frühslawischen Kultur» gedeutet werden kann. Als die wichtigsten Merkmale dieser Kultur gelten 1) eine einfache, schmucklose, handgefertigte topfartige Keramik, 2) quadratische, einräumige und in den Boden eingetiefte Wohnhäuser und 3) die Brandbestattung in Urnengräbern. Diese drei Merkmale begegnen am frühesten in der sogenannten Prager oder Korčak-Kultur, deren älteste Zeugnisse in das ausgehende 5., beginnende 6. Jahrhundert datiert werden. Geographisch war diese Kultur zunächst in der Laub- und Waldsteppenzone zwischen Bug und Pripjet, dem oberen Dnestr und mittleren Dnepr, d. h. in der heutigen West-

Ukraine verbreitet. In diesem Gebiet vermutet ein Teil der Sprachwissenschaftler im Übrigen den Kernraum des Slawischen, sodass das sukzessive spätere Auftauchen der Merkmale dieser archäologischen Kultur in den Karpaten und an der unteren Donau (ab Anfang des 6. Jahrhunderts), in Mähren, Kleinpolen und Böhmen (ab Mitte bis Ende des 6. Jahrhunderts) und im mittleren Elbegebiet (ab Anfang des 7. Jahrhunderts) auch als Beleg für eine aus diesem Kernraum heraus erfolgte Expansion der Slawen angesehen wird. Als Manifestation einer «nördlichen Variante» der «frühslawischen Kultur» wird die im nördlichen Polen und Ostdeutschland verbreitete sogenannte Sukow-Dziedzice-Kultur angesehen. Sie unterschied sich von der Prag-Korčak-Kultur durch ein Überwiegen ebenerdiger Wohnbauten und einen abweichenden Bestattungsritus. Ihre ältesten Zeugnisse stammen aus dem frühen 7. Jahrhundert.

Als der Prag-Korčak-Kultur zeitgleich, nahe verwandt und daher gleichfalls als ein materieller Ausdruck «frühslawischer Kultur» werden auch die sogenannte Penkovka-Kultur im Gebiet zwischen oberem Donec, mittlerem Dnepr und unterem Pruth sowie die Koločin-Kultur im Gebiet der Desna und des oberen Dnepr angesehen. Letztere stieß bereits in die nur sehr dünn von baltischen und finno-ugrischen Gruppen besiedelte, agrarisch wenig ergiebige russische Mischwaldzone vor, in der sich die weitere nördliche und nordöstliche Ausbreitung slawischer Siedlung aber deutlich langsamer vollzog und noch im 9.–10. Jahrhundert anhielt.

In Ostmittel- und Südosteuropa waren die slawischen Migrationen und Landnahmen dagegen bereits im 7.–8. Jahrhundert im Wesentlichen zum Abschluss gelangt. Tatsächlich lassen die sprachwissenschaftlichen, archäologischen und geschichtswissenschaftlichen Befunde keinen Zweifel daran, dass zu diesem Zeitpunkt bereits der größte Teil des riesigen Gebietes zwischen der Ostukraine und der Elbe, zwischen oberem Dnepr und unterer Donau, südlichem Ostseegebiet und Adria von slawischsprachigen Menschen besiedelt und von einer «slawischen Kultur» geprägt war. Die erstaunlich rasche und umfassende «Slawisierung» der östlichen Hälfte Europas war sicher nicht –

wie man früher dachte – primär die Folge einer geographischen Ausbreitung und demographischen Expansion eines anfänglich recht kleinen «slawischen Volkes». Vielmehr war sie das Ergebnis komplexer Assimilations- und Akkulturationsprozesse, durch die in verschiedenen Regionen und in parallelen Vorgängen sesshaft-autochthone Bevölkerungsgruppen und Neuzuwanderer zu neuen «slawischen» Gesellschaften integriert wurden. Daneben dürften Elemente «slawischer Kultur», von der Sprache bis zum Wohnbau, von der Gebrauchskeramik bis zur Bestattungssitte, auch über den Weg des Kulturtransfers verbreitet worden sein. Es spricht jedenfalls viel dafür, dass die so rasche und großräumige Verbreitung «der Slawen» nicht auf eine landnehmende Vermehrung eines Ethnikums, sondern auf den Durchsetzungserfolg eines besonders attraktiven Kulturmodells zurückgeführt werden muss.

2. Siedlung, Wirtschaft und Gesellschaft

Die hohe Attraktivität und Integrationskraft dieses Kulturmodells rührte augenscheinlich aus seiner Einfachheit. Es war geprägt von simplen, flexibel-angepassten Siedlungsmustern, den basalen Formen einer autarken Subsistenzwirtschaft und einer noch kaum differenzierten sozialen Organisation in lokalen Gemeinschaften, die gleichwohl eine erstaunliche Aufgeschlossenheit gegenüber Fremden auszeichnete. Diese Einfachheit, Flexibilität und Offenheit ermöglichten eine Lebensweise, die den Bedürfnissen der von römisch-antiken Einflüssen unberührten frühmittelalterlichen Osteuropäer offenbar am ehesten entsprach und den politischen und wirtschaftlichen Herausforderungen der Zeit am besten gewachsen war.

Siedlungen.   Die frühmittelalterliche Demographie und Geographie des östlichen Europa ermöglichten nur eine sehr dünne, lockere Siedlungsstruktur. Die Menschen siedelten da, wo sie mit den ihnen zur Verfügung stehenden Mitteln den ebenso ausgedehnten wie unwegsamen Wald- und Sumpfgebieten, den Gebirgs- und Steppenlandschaften agrarisch nutzbare Flächen abgewinnen konnten. So wurden ungünstige Böden und wasserferne Standorte gemieden und produktive Löß- und fruchtbare Schwarzerdegebiete bevorzugt. Die Siedlungsplätze wurden stets unmittelbar an oder in der Nähe von Gewässern, zumeist auf überschwemmungsfreien Uferterrassen oder sandigen Hochufern entlang der Flüsse, mitunter auch auf Inseln angelegt. Dass die Slawen «in Wäldern, an Flüssen, schwer zugänglichen Seen und Sümpfen leb[t]en», kann man bereits in einem um 600 verfassten byzantinischen Militärhandbuch lesen; dabei wird vor allem der militärische Nutzen der schweren Zugänglichkeit der Siedlungen hervorgehoben. Doch sollten die Siedlungsplätze nicht nur sichere Rückzugsmöglichkeiten und Schutz vor Angreifern bieten, sondern möglichst umfassend die Nutzungspotenziale einer Siedlungskammer erschließen. Der gewählte Platz sollte daher idealerweise Zugang zu gewässernahen Niederungen, bewaldeten Hochflächen und sandigen Talauen eröffnen, um gleichermaßen Weide und Fischfang, Waldwirtschaft und Waldweide, Ackerbau und Viehzucht zu ermöglichen. Die Erschließung der Nutzflächen erfolgte durch Brandrodung, während Meliorationsarbeiten noch lange nicht zum Einsatz kamen. War das Potenzial der Acker- und Weideflächen erschöpft, verlegte man den Siedlungsplatz über eine geringe Entfernung an einen neuen Platz, um frische Böden nutzen zu können. Auch die begrenzte Haltbarkeit der verwendeten Baumaterialien und die klimatischen Bedingungen trugen zur Instabilität und Mobilität der frühslawischen Siedlungen bei. Schon Prokop von Caesarea notierte um die Mitte des 6. Jahrhunderts, dass die Slawen «weit voneinander getrennt in armseligen Hütten hausen und alle häufig ihren Wohnsitz wechseln». Die aufgegebenen Flächen eroberte der Wald zurück, sodass sich der Umfang der bebauten Siedlungsfläche bzw. der erschlossenen Kulturlandschaft lange Zeit kaum wesentlich vergrößerte.

Die einzelnen Siedlungen waren klein und unbefestigt. Sie bestanden in der Regel aus 5–15 locker und unregelmäßig über eine Fläche von wenigen Hektar verteilten Wohngebäuden. In einem solchen Weiler oder Dorf dürften kaum mehr als

30–60 Personen bzw. ein halbes bis ganzes Dutzend Familien gelebt haben. Stellenweise wurden allerdings auch größere Siedlungsagglomerationen angelegt, so an der unteren Donau und am mittleren Dnestr. Für das Donaugebiet berichtet das Militärhandbuch des Maurikios bereits für die Zeit um 600, dass die Dörfer der Slawen «aufgereiht an Flüssen liegen und diese so verbunden sind, dass zwischen ihnen kein nennenswerter Bestand an Wald, Sumpf oder Schilf in ihrer Nähe ist». Hier bildeten mehrere Dörfer also eine größere Siedlungskammer. Zu einem Anstieg der Bevölkerungszahl und einer Verdichtung innerhalb der Siedlungskammern kam es, wie eine höhere archäologische Funddichte belegt, im Allgemeinen aber erst seit Mitte des 8. Jahrhunderts. Doch erreichte der Umfang der besiedelten Fläche in der Regel noch immer kaum mehr als einige Quadratkilometer. Auch wo mehrere Siedlungskammern, vor allem in den verkehrsgeographisch und wirtschaftlich begünstigten Kernräumen bereits zu größeren Offenflächen zusammenwuchsen, bildeten diese insgesamt doch weiterhin nicht mehr als überschaubare Rodungsinseln innerhalb eines riesigen Massivs aus Urwald und Ödland. Letztere trennten die verschiedenen Siedelverbände voneinander, nicht zuletzt auch als breite, schwer passierbare Grenzsäume.

Wohnbauten. Die Anlage der Wohnbauten innerhalb einer Siedlung folgte den örtlichen topographischen Gegebenheiten. Auch ihre Bauausführung war von den jeweiligen Klima-, Boden- und Grundwasserverhältnissen abhängig. Die Archäologen haben zwar Regionen mit überwiegend (bis zu einem Meter) in den Boden eingetieften und Regionen mit überwiegend ebenerdigen Wohngebäuden ermittelt. Doch hat man die damit lange verknüpfte Vorstellung, diese Differenz könne als Ausdruck ethnisch oder kulturell bedingter unterschiedlicher Bautraditionen gedeutet werden, inzwischen aufgegeben. Eingetiefte Grubenhäuser waren im Süden und Südosten einfach deshalb der vorherrschende Bautyp, weil dort stabile trockene Löß- oder Braunerdeböden das Eintiefen ermöglichten und dieses im härteren Kontinentalklima auch größeren Schutz vor

Winterkälte und Sommerhitze bot. Dagegen machten die feuchten Böden des flachen Nordens und Nordwestens Eintiefungen praktisch unmöglich. Im Übrigen lassen sich zwischen beiden Verbreitungsgebieten in Gestalt variabler Grubentiefen und Siedlungen, in denen beide Haustypen begegnen, nicht nur fließende Übergänge beobachten. Es ist auch völlig unklar, ob die Archäologen auf den trockenen Böden des Südens und Südostens bislang nicht einfach die unvergleichlich schwächeren archäologischen Spuren ebenerdiger Bauten schlicht übersehen haben.

In Grundriss und Größe fielen beide Haustypen sehr ähnlich aus. Es handelte sich um kleine, einräumige, annähernd quadratische Bauten, deren Raummaß zwischen 5 und 25 m^2 schwankte, wobei die Mehrzahl eine Größe von 10–16 m^2 erreichte. Eher die Ausnahme bzw. eine spätere Erscheinung waren zweiräumige Gebäude. Angesichts der geringen Hausgrößen ist anzunehmen, dass sich ein erheblicher Teil des Lebens – soweit die Witterung dies zuließ – im Freien abgespielt hat. Die Hauswände waren sowohl bei eingetieften wie ebenerdigen Bauten überwiegend in Blockbauweise, d.h. in Form von waagerecht übereinandergelegten Baumstämmen, ausgeführt. Die dichten osteuropäischen Nadelwälder lieferten dafür einen unerschöpflichen Vorrat an gerade gewachsenen Stämmen. Es kamen aber auch Wandaufbauten aus Bohlen- und Flechtwerk vor, bei denen das aus Stroh oder Rohr, seltener aus Holz bestehende Satteldach auf zusätzlichen senkrechten Pfosten abgestützt wurde, während es bei Blockbauten direkt auf der letzten Lage der Holzstämme aufsetzte. Ein weiteres charakteristisches Merkmal der «slawischen» Wohnbauten war der in einer der Hausecken eingebaute geschlossene aus Lehm oder Steinen errichtete Kuppelofen oder offene Herd. Seine Achse war in der Regel leicht schräg zur Gebäudelängsachse ausgerichtet, sodass das Ofenloch bzw. Herdfeuer in die Mitte des Raumes ausstrahlte. Die Fußböden bestanden entweder aus Sand oder gestampftem Lehm oder waren durch mattenartige Geflechte, manchmal auch hölzerne Dielen befestigt.

Neben den Wohngebäuden gab es diverse Wirtschafts- und

Vorratseinrichtungen, die sich archäologisch in Gestalt von unregelmäßigen Gruben erhalten haben. Regelrechte Nebengebäude, z. B. Scheunen und Stallungen, konnten bislang nicht nachgewiesen werden. Auch Spuren von Zäunen und anderen Formen von Grundstücksabgrenzungen haben die Archäologen in den frühmittelalterlichen Siedlungen bislang nicht aufdecken können. Daraus und aus der vergleichsweise egalitären Wohnbebauung lässt sich aber nicht ohne Weiteres folgern, dass die Bewohner dieser Siedlungen noch keinerlei private Verfügung über Grund und Boden oder sozio-ökonomische Differenzierung kannten. Es ist gut denkbar, dass einzelne Familien mehrere der in ihrem archäologischen Befund gleichartigen Gebäude besaßen und diese zusammen kleinere oder größere Hofcluster gebildet haben; auch Besitzabgrenzungen können in einer Weise erfolgt sein, die keine archäologischen Spuren hinterlassen haben.

Subsistenzwirtschaft. Dessen ungeachtet scheint die soziale und ökonomische Differenzierung der Dorfgemeinschaften zunächst noch wenig ausgeprägt gewesen zu sein. Es handelte sich schließlich um Gesellschaften, die noch lange eine pure Subsistenzwirtschaft betrieben. Diese war ausschließlich auf das physische Überleben der Familie ausgerichtet. Die Nahrungsbeschaffung stützte sich in erster Linie auf einen extensiven Ackerbau. Dazu baute man zunächst nur Sommergetreide – Weizen, Gerste, Hirse – an, das keine besonders intensive Bodenbearbeitung erforderte. Die Äcker nutzte man so lange, bis sie ausgelaugt waren, ließ sie anschließend brach, rodete Neuland und pflügte frische Böden auf. Dazu verwendete man einen einfachen leichten Hakenpflug aus Holz, der in der Regel von Ochsen gezogen wurde, die Böden aber lediglich aufritzte, nicht umwendete. Erst später wurden solche Hakenpflüge mit einer eisernen Schar verstärkt. Das mit der Sichel geerntete Getreide wurde in einfachen Erdgruben gelagert, in handbetriebenen Drehmühlen zerkleinert. Aus dem groben, gesiebten Mehl wurden dann Brot oder Fladen gebacken. Im 8./9. Jahrhundert kam der Roggen als robusteres Wintergetreide hinzu, der dank seiner Anspruchslosigkeit auch auf schlechteren Böden verlässliche Erträge garantierte. Zudem begann der Hafer als Sommergetreide allmählich die Hirse zu verdrängen. Erst in einer späteren, schwer exakt datierbaren, regional unterschiedlich zwischen dem 8. und 10. Jahrhundert anzusetzenden Phase wurde die extensive, wilde Feld-Gras-Wirtschaft von einem geregelten Feld-Brache-System abgelöst. Bei diesem wurde der Acker nach drei bis sechs Jahren zunächst für einige Jahre als Wiesenland, dann für einige weitere Jahre als Weide und dann wieder als Acker genutzt. Das führte zu einer Intensivierung des Getreideanbaus und entsprechenden Produktivitätssteigerung, die erstmals regelmäßige Ernteüberschüsse ermöglichte. Die große Bedeutung des Ackerbaus für die frühslawische Gesellschaft spiegelt sich in einer differenzierten altslawischen Landwirtschaftsterminologie, wie sie sich beispielsweise auch in zahlreichen einschlägigen neugriechischen Entlehnungen erhalten hat. Im Gartenbau wurden Erbsen, Bohnen, Linsen, Gurken, Zwiebeln, Kohl, Kürbis sowie verschiedene Obstarten angebaut.

Neben Acker- und Gartenbau war man auf Viehwirtschaft, Fischfang, Waldwirtschaft und – in deutlich geringerem Maße – die Jagd angewiesen. Neben Schweinen, Rindern und Schafen wurden Ziegen, Hühner und Gänse gehalten; Pferde kamen als Reittiere, Ochsen als Zugtiere, Hunde und Katzen als Haustiere vor. Da man offenbar keine Ställe besaß, wurde das Vieh zum Winter hin reduziert und im Freien belassen. Ein Teil des Viehs, vor allem Schweine, wurden auch in Waldweide gehalten. Darüber hinaus umfasste die Waldwirtschaft Imkerei, Holzteergewinnung und Köhlerei, das Beeren- und Pilzesammeln sowie die Gewinnung von Rohstoffen (Holz, Geweihabwurf, Felle). In den stets nahen Gewässern versorgte man sich mit Angeln, Reusen, Netzen und Fischzäunen mit Fisch.

Die für die Agrarwirtschaft, den Haushalt, das alltägliche Leben benötigten Geräte und Gebrauchsgegenstände – Gefäße, Werkzeuge, Ackergeräte, Waffen, Fortbewegungsmittel, Bauten – wurden zunächst ausschließlich für den persönlichen Gebrauch hergestellt. Das geschah überwiegend innerhalb der einzelnen Haushalte im Rahmen der autarken Hauswirtschaft. Jedenfalls haben die Archäologen für das 6.–8. Jahrhundert kaum signifikante Spuren eines spezialisierten Handwerks aufdecken können. Das heißt nicht, dass nicht bereits erhebliche technische Kenntnisse und Fertigkeiten zum Einsatz kamen, mit deren Hilfe die Menschen Stein, Holz, Häute, Geweihe und Knochen verarbeiteten, Stoffe produzierten und Kleider fertigten, Waffen herstellten und Gefäße – zunächst als handgefertigte, später scheibengedrehte Keramik – töpferten.

Eine gewisse Spezialisierung musste früh für die Eisen- und Metallverarbeitung entwickelt werden. Eisen war für die Herstellung von Ackergeräten, Werkzeugen und Waffen (Pfeil- und Lanzenspitzen; Schwerter spielten bis ins 9./10. Jahrhundert keine Rolle) rasch unentbehrlich geworden. Es wurde aus Rasenerz gewonnen, das an vielen Orten reichlich vorhanden war und leicht gesammelt bzw. ausgegraben werden konnte. Das Ausschmelzen erfolgte in niedrigen, zumeist abseits der Siedlungen gelegenen Schachtöfen, die bis ins 9./10. Jahrhundert hinein recht klein blieben und noch keine sehr hohen Temperaturen ermöglichten. Die in solchen Öfen bei einem Schmelzvorgang gewonnenen maximal 2–3 kg schlackenreichen Eisens wurden durch Erhitzen und Ausschmieden weiterverarbeitet. Die bescheidenen Dimensionen solcher, wohl in jeder einzelnen Siedlung erfolgten Schmiedetätigkeit zeigen, dass die Schmiede im 6.–8. Jahrhundert noch keine spezialisierten Berufshandwerker waren. Auch die Buntmetallverarbeitung und Schmuckherstellung, die durch vereinzelte Funde von Tonformen und Gusstiegeln belegt ist, blieb ausgesprochen begrenzt. Nicht auszuschließen ist, dass die Eisen- und Buntmetallverarbeitung zum Teil auch von wandernden Spezialisten übernommen wurde, die mit ihren Werkzeugen und Kenntnissen von Siedlung zu Siedlung zogen.

Weder durch die Agrarwirtschaft noch durch die Herstellung von Geräten und Gebrauchsgegenständen konnten Überschüsse erzielt werden, die eine Grundlage für regelmäßige Handelsbeziehungen hätten bilden können. Soweit es überhaupt bereits zu einem Austausch von Gütern über die Grenzen einzelner Siedlungen und Siedlungskammern hinaus gekommen ist, dürfte dieser noch in hohem Maße im Rahmen des rituellen Gabentausches erfolgt sein, wie er etwa bei Hochzeiten, Festen und anderen Gelegenheiten praktiziert wurde. Mit diversen Gegenständen, Produkten und Tieren beschenkt wurden nicht nur Verwandte und Nachbarn, mitunter auch Fremde, sondern auch die verschiedenen Verkörperungen und Erscheinungen einer gedachten jenseitigen Welt.

Kult und Religion. Über die bei den frühen Slawen verbreiteten religiösen Sinnkonstruktionen und Glaubenspraktiken ist kaum etwas bekannt. Die vergleichsweise ausführlichen Informationen über pagane Kulte, Priester und Tempelbauten, die historische und archäologische Quellen für die Ostslawen des 10. Jahrhunderts und die Elb- und Ostseeslawen des 11.–12. Jahrhunderts bieten, können nicht ohne Weiteres in die frühslawische Zeit rückprojiziert werden. Sie stellen jüngere Erscheinungsformen gentilreligiöser Praktiken dar, die erkennbar in Reaktion auf den christlichen Missionierungsdruck ausgebildet worden waren. Sie können daher nicht als Zeugnisse der frühen slawischen Gentilreligion herangezogen werden. Für diese aber liegen kaum Quellenbelege vor. Eines der ganz wenigen schriftlichen Zeugnisse stammt aus der Mitte des 6. Jahrhunderts. In ihm erzählt der Byzantiner Prokop, dass die Slawen an der unteren Donau einen Gott verehrten, «den Blitzeschleuderer und alleinigen Herrn über alles; ihm opfern sie Rinder und andere Tiere jeder Art. Sie wissen weder etwas von Schicksalsmacht noch messen sie ihr sonstwie irgendwelchen bestimmenden Einfluss auf das menschliche Leben zu. Sie versprechen vielmehr, wenn sie durch Krankheit oder Kriege in Lebensgefahr geraten, für den Fall der Rettung ihrem Gott sogleich ein Dankopfer darzubringen, tun dies dann auch, wenn sie heil durchkommen, und glauben für dieses Opfer ihr Leben erkauft zu haben. Sie verehren außerdem Flüsse, Nymphen und andere Gottheiten und bringen auch ihnen insgesamt Opfer dar, denen sie dann ihre Weissagungen entnehmen.» Bei dieser Beschreibung bleibt freilich zweierlei unklar: Zum einen wissen wir nicht, ob und inwieweit sie auch die Verhältnisse in anderen Regionen erfasste; zum anderen nicht, in welchem Ausmaß sie durch die griechisch-christliche, von antiken Topoi beeinflusste Wahrnehmung des Chronisten verzerrt worden ist. Immerhin deuten auch sprachgeschichtliche Zeugnisse (Ortsnamen, religiöse Terminologie) darauf hin, dass die frühen Slawen vor allem Naturkräfte verehrt haben, die – wie Wasser und Quellen, Bäume und Feuer – für jene Phänomene (Wetter, Fruchtbarkeit, Gesundheit, Geburt und Tod) standen, die das tägliche Leben bestimmten. Sehr präsent scheint auch der Glaube an Zauberer und Wahrsager, Dämonen und Geister gewesen zu sein.

Auch wenn Prokop von einem – einzigen oder höchsten? – Gott sprach, scheinen die frühen Slawen keine Mythologie im klassischen Sinn mit rivalisierenden Göttern mit menschlichen Zügen – wie Griechen und Römer oder die Germanen – gekannt zu haben. Alle in diese Richtung gehenden älteren Deutungen dürften auf Missverständnissen und Fehldeutungen beruhen. Tatsächlich liegen weder sichere philologische oder historische Zeugnisse noch mündliche Überlieferungen vor, die eine «slawische» Götterfamilie und bestimmte Zuständigkeiten einzelner Götter belegen würden. Götter in Menschengestalt sind erst für das 10.–12. Jahrhundert sicher bezeugt. Sie werden in den voreingenommenen Beschreibungen christlicher Chronisten genannt, begegnen aber in Gestalt hölzerner oder steinerner Standbilder und kleiner Statuetten auch im archäologischen Fundmaterial. Die späte Vermenschlichung der slawischen Gottheiten, namentlich in Gestalt eines Perun und Svarog (und ihrer zahlreichen regionalen Namensvarianten), die – wie Quellen des 11.–12. Jahrhunderts belegen – in besonderen Tempelanlagen (z. B. Riedegost, Arkona, Groß Raden) verehrt wurden, muss ebenfalls als eine Reaktion auf die Herausforderungen des Christentums gedeutet werden. Sie kann nicht als Beleg für einen anthropomorphen Götterglauben der frühen Slawen angesehen werden.

Dass diese an ein Leben nach dem Tod glaubten, scheinen ihre Bestattungssitten zu bezeugen. Die Toten wurden ver-

brannt; ihr Geist sollte augenscheinlich durch Feuer aus dem
toten Körper in eine andere Welt befreit werden. Der Leichen-
brand wurde in öffentlicher Zeremonie in kleinen Gruben oder
in Urnengräbern im Rahmen kleinerer oder größerer Grab-
gruppen in Flach- oder Hügelgräbern beigesetzt und mitunter
um Beigaben ergänzt. Dass solche Beigaben erst später, ab dem
8./9. Jahrhundert, häufiger vorkamen und reichhaltiger wurden,
dürfte als ein weiteres Indiz dafür anzusehen sein, dass die slawischen Gesellschaften des 6.–8. Jahrhunderts noch vergleichsweise wenig differenziert waren.

3. Anführer, Burgen und erste Herrschaftsbildungen

Diese Gesellschaften waren zugleich wenig hierarchisiert. Sie
bestanden aus einem Nebeneinander patriarchalisch geführter
Verwandtschaftsgruppen, die sich ungern äußeren Herrschafts-
ansprüchen unterwarfen. Die Byzantiner haben diese Abnei-
gung in ihrer parteiischen Außensicht sichtlich überhöht, wenn
sie – wie Prokop – feststellten, dass die Slawen «nicht von einem
einzelnen Manne regiert», sondern «seit alters in einer demo-
kratischen Ordnung leben» würden bzw. – wie es im Militärhandbuch des Maurikios hieß – «sich weder unterwerfen noch,
vor allem im eigenen Land, beherrschen lassen» würden, vielmehr «ohne Herrschaft» seien. Solchen idealisierten Deutungen
standen früh Hinweise auf einzelne herausgehobene Anführer
gegenüber. Schon für die späten 570er-Jahre bezeugt der Geschichtsschreiber Menander einen «Slawenfürsten» namens
Daurentios, der sich irgendwo an der Save im Einvernehmen
mit den «Vornehmen des Volkes», d. h. mit den Ältesten der einzelnen Siedlergruppen des von ihm geführten Verbandes, den
Awaren widersetzte.

Solche «Fürsten» konnten auch (mitunter durchaus nichtslawische) Fremde sein, denen es mit ihren in byzantinischen oder
fränkischen Diensten erworbenen Erfahrungen, einem besonderen Charisma und Kriegsglück gelang, sich zum Anführer über
einen oder mehrere slawische Sippenverbände zu erheben. Die
Byzantiner und Awaren haben alles darangesetzt, solche Selbst-

erhebungen möglichst zu erschweren und die Ausbildung eines slawischen ‹Heerkönigtums› im Keim zu ersticken. Tatsächlich kam es noch lange nur zu vorübergehenden Anführerschaften, die wohl in erster Linie im Kontext militärischer Unternehmungen und zunächst weiterhin nur in kleinräumigem Rahmen etabliert wurden.

Das Reich des Samo. Auch die erste bekannte großräumige Herrschaftsbildung, die in den 620er-Jahren ein Mann namens Samo (*homo nomen Samo natione Francos de pago senonago*) über slawische Verbände irgendwo zwischen der Oberpfalz und Nordböhmen, Niederösterreich und Mähren aufzurichten vermochte, blieb eine ephemere Erscheinung. Sie war durch die Niederlage möglich geworden, die die Awaren 626 vor Konstantinopel erlitten hatten. Die Schwächung des Khaganats nutzten die von Samo als Sklaven- und Waffenhändler, vielleicht auch als königlicher Gesandter aufgesuchten Slawen, um sich gegen die awarischen Unterdrücker zu erheben. Dabei kam ihnen Samo mit seinem Gefolge so erfolgreich zu Hilfe, dass er anschließend zum «König» (*rex*) erhoben wurde. Über dreißig Jahre lang gelang es diesem daraufhin, gegenüber dem Frankenkönig, den Langobarden und dem Awarenkhan eine selbstständige, überregionale Machtstellung zu behaupten. Der Versuch König Dagoberts I., diese Machtkonzentration am Ostrand des Merowingerreiches zu unterbinden, hatte mit der Niederlage der Franken vor dem (nicht lokalisierbaren) *castrum Wogastisburc* bereits 631/632 ein unrühmliches Ende gefunden. Doch mit dem Tod Samos (vor 660) brach dieses institutionell noch kaum fundierte Reich (*regnum*), das auch archäologisch keine fassbaren Spuren hinterlassen hat, wieder zusammen, verschwand der vermeintlich «erste slawische Staat» (so die ältere, national bewegte Forschung) wieder von der Bildfläche. Die hierarchischen Strukturen der frühen Slawen blieben einstweilen auf lokale Einheiten beschränkt oder allenfalls in kleinregionalen Verbänden weiterentwickelt, wie sie die mit Samo verbündeten Anführer (*duces*) der Sorben (*Dervanus*) und Alpenslawen (*Walluc*) repräsentierten.

«Stämme» und «Stammesverbände». Auch andernorts sind seit dem 7.–8. Jahrhundert politisch-soziale Verbände (*gentes, populi*) bezeugt, die die segmentäre Ordnung der lokalen Siedelgemeinschaften und migrierenden Kriegergruppen zu sprengen begannen. Byzantinische Quellen kannten bereits im 7. Jahrhundert in Makedonien und Thrakien die slawischen «Stämme» der Drogubiten, Sagudaten, Belegeziten, Baiuniten, Berziten, Strymoniten und Rhynchinen, in Nordostbulgarien den Verband der Sieben Geschlechter und weiter südlich jenen der Severen. Mitte des 10. Jahrhunderts verwies Kaiser Konstantin Porphyrogennetos auf eine Reihe von «Stämmen» in Dalmatien (Zachumloi, Terbuniotai, Kanalitiai, Diokletianoi, Arentanoi/Paganoi, Milingoi, Ezeritai), deren Formierung zum Teil ebenfalls bereits im 8. Jahrhundert erfolgt sein dürfte.

Solche «Stämme» oder «Völker», deren Namen oft aus den spezifischen naturräumlichen Bedingungen ihrer neuen Siedlungsgebiete abgeleitet waren (etwa «Waldbewohner», «Feldbewohner», «Leute am Fluss x»), haben sich erst nach Abschluss der Wander- und Landnahmevorgänge formieren können. Es bedurfte stabiler Siedlungsstrukturen und konsolidierter wirtschaftlicher Verhältnisse, ehe die einzelnen Siedelverbände durch gemeinschaftsstiftende Praktiken eine gemeinsame Identität ausbilden, diese in Abgrenzung zu Nachbarn an ein eigenes Territorium und Ethnonym binden und zu dessen Organisation und Schutz eine herrschaftliche Elite ausbilden konnten.

Frühestens seit dem 8./9. Jahrhundert warf eine relative Intensivierung der Agrarwirtschaft genügend Mehrwerte ab, um einzelne Personen dauerhaft als spezialisierte Handwerker aus der persönlichen Subsistenzwirtschaft freistellen und eine wachsende unproduktive Krieger- und Herrscherelite ernähren und versorgen zu können. Dazu wurden die von der eigenen Gemeinschaft produzierten Nahrungsmittel und Gebrauchsgegenstände über regelmäßige Abgaben, jene fremder, unterworfener Gemeinschaften über Tribute abgeschöpft. Der Konsumptions- und Luxusbedarf der Elite stieg dabei kontinuierlich an und steigerte so die Nachfrage nach vor Ort hergestellten handwerklichen Produkten und aus der Ferne – über Handelskontakte oder Raub- und Beutezüge – herbeigeschafften Waren. Dieses Zusammenspiel von agrarischer Intensivierung, einsetzender Arbeitsteilung, aufkommendem interregionalen Warentausch und der Ausbildung herrschaftlicher Strukturen fand einen markanten Ausdruck im Burgenbau.

Burgen. Der Bau selbst kleinerer Burganlagen setzte nicht nur bauliche und logistische Führungskompetenzen, sondern auch die Verfügungsgewalt über größere menschliche und materielle Ressourcen voraus. Er war daher kaum ohne eine stärkere soziale Differenzierung und Machtakkumulation in den Händen einzelner herausgehobener Männer denkbar. Solche «Vornehmste», «Hochgestellte», «Bessere» oder «Vorsteher» (*primores, primates, proceres, nobiles, meliores, praestantiores*) werden in den fränkischen Quellen seit dem 8. Jahrhundert genannt. Das deckt sich zeitlich in auffälliger Weise mit dem Aufkommen von Burganlagen. Denn wie die neueren, dendrochronologischen Datierungsmöglichkeiten der Archäologen in den letzten Jahren erwiesen haben, stammen die ältesten einschlägigen Befunde frühestens aus dem 8. Jahrhundert – und keineswegs, wie die ältere Forschung gemeint hat, schon aus dem 6.–7. Jahrhundert. Erst im Verlauf des 8.–9. Jahrhunderts begann sich das Bild der frühslawischen ‹offenen› in eine ‹befestigte› Kulturlandschaft zu wandeln, in der Burgen sowohl den Mittelpunkt von Siedlungskammern als auch von regionalen politischen Strukturen bildeten. Dieser Wandel, der im Übrigen auch im 10. Jahrhundert noch anhielt, wurde nicht nur durch innere soziale Entwicklungen, sondern auch durch wachsende äußere Gefährdungen befördert, wie sie etwa durch die Ostexpansion des Karolingerreiches oder die immer stärker miteinander konkurrierenden Machtansprüche benachbarter slawischer Regionalstrukturen hervorgerufen wurden.

Wie im Fall des Hausbaus lassen sich auch die bei den Burgen zu beobachtenden Konstruktionsunterschiede nicht als Folge bestimmter ‹ethnischer› Traditionen bzw. einer entsprechenden Herkunft ihrer Erbauer deuten. Auch hier bestimmten die lokalen Gegebenheiten, die topographischen Voraussetzungen, die

Verfügbarkeit von Baumaterialien und zeittypische fortifikatorische Konstruktionsmodelle das jeweilige Erscheinungsbild. Es wurden sowohl Niederungsburgen als auch Höhenburgen in unterschiedlichen Größen errichtet. In beiden Fällen nutzte man die Vorteile des Naturraums, sei es, dass man eine Insel- oder Sumpflage wählte, sei es, dass man auf einem Bergkegel oder einem Sporn im Mündungsdreieck zweier Flüsse baute. Stets war man darum bemüht, den Aufwand der künstlich anzulegenden Befestigungen zu minimieren. Im Fall von Niederungsburgen an Seeufern, in mäandernden Flussauen oder in sumpfigem Terrain kamen zu den Graben-Wallkonstruktionen häufig aufwendige Brückenbauten hinzu. Die Slawen, so beschrieb der spanisch-jüdische Reisende Ibrahim ibn Jakub den Bau einer solchen Niederungsburg, «gehen zu Wiesen, reich an Wasser und Gestrüpp, stecken dort einen runden oder viereckigen Platz ab nach Form und Umfang der Burg, wie sie sie beabsichtigen, graben ringsherum und schütten die ausgehobene Erde auf, wobei sie mit Planken und Pfählen nach Art der Bastionen befestigt wird, bis die Mauer die beabsichtigte Höhe erreicht. Auch wird für die Burg ein Tor abgemessen, an welcher Seite man will, und man geht auf einer hölzernen Brücke aus und ein.»

Diese Schilderung stammt zwar aus den 960er-Jahren, doch war die Bauweise im 8.–9. Jahrhundert nicht grundsätzlich eine andere. Ob Niederungs- oder Höhenburg, die künstlichen Befestigungsanlagen bestanden in der Regel aus einem Holz-Erde-Wall. Dabei handelte es sich um eine Erdaufschüttung, die im Innern auf unterschiedliche Weise verstärkt wurde. Ausschlaggebend für die Wahl der Konstruktionsart war das Vorhandensein oder Fehlen einer ausreichenden Menge der benötigten Baumaterialien. Denn je dichter die unregelmäßigen, rostartigen Lagen unbearbeiteter Hölzer in den Wall gepackt wurden, desto mehr Holz wurde benötigt. Fehlte es an Holz, so wurden auch Flechtwerkwände eingebaut. Erheblich höheren Aufwand als die einfache Rostbauweise erforderte die Kastenkonstruktion, bei der regelrechte Holzkästen gezimmert wurden, die auch in mehreren Reihen hintereinander angeordnet werden konnten und dann die Erdfüllung des Wallaufbaus aufnahmen.

Das gleiche Verfahren konnte auch unter Verwendung von rohen Baumstämmen angewandt werden; dann wurden quadratische Blockelemente erstellt, die mit Erde verfüllt wurden. Auf der Außenseite war dem Wall in der Regel ein Graben vorgelagert, der sowohl eine zusätzliche Schutzfunktion hatte als auch das Erdmaterial für die Wallaufschüttung lieferte.

In Mittelgebirgslagen, da wo genügend Steinmaterial verfügbar war, wurden Wälle mitunter auch aus Stein errichtet bzw. Erdwälle mithilfe von Steinen verstärkt. Die Mauern wurden dabei ohne Mörtel, «trocken» aufgeschichtet. Solche Steinkonstruktionen wurden vor allem an der Wallaußenseite aufgeführt, auch um die Brandgefahr für die Holzeinbauten des Walls zu reduzieren. Gelegentlich erhielt der Wall auch auf der Innenseite eine Trockenmauer, sodass er aus zwei Schalen bestand, die miteinander durch Balken verbunden wurden, ehe das Ganze mit Erde verfüllt wurde. Häufig wurden die Konstruktionsprinzipien auch situationsbedingt abgewandelt und viele Burgwälle, insbesondere die größeren Anlagen, besaßen in verschiedenen Abschnitten unterschiedliche Wallkonstruktionen. Insgesamt zeichnete sich der Burgenbau durch eine hohe Flexibilität aus, mit der den jeweiligen Erfordernissen entsprochen wurde. So gab es auch bei den Toren zahlreiche Varianten. Neben einfachen Tunneltoren, die durch den Wall hindurchführten, gab es komplizierte Bauten, deren Rekonstruktion auf der Basis der verfügbaren archäologischen Befunde jedoch schwierig ist. Auch hinsichtlich des Aussehens der Wallaufbauten, der hölzernen Palisaden und Wehrgänge, sind letztlich nur Spekulationen möglich.

Der für den Burgenbau betriebene Aufwand war in jedem Fall groß. Die Errichtung und Unterhaltung dieser Anlagen – sowohl kriegerische Einwirkungen als auch die natürlichen Verfallsprozesse des Baumaterials bedingten regelmäßige Instandhaltungen – erforderten über das Normale hinausgehende Arbeits- und Materialressourcen. Sie setzten überdies eine effiziente Organisation und einen überlegten Einsatz dieser Ressourcen voraus. Schätzungen gehen je nach Anlage und Größe von einigen tausend bis zu zehntausend Arbeitstagen aus, für die eine entsprechend große Zahl von Arbeitskräften aus der näheren und ferneren Umgebung rekrutiert sowie Unmengen von Baumstämmen gefällt und bearbeitet werden mussten.

Über die inneren Strukturen der frühen Burgen geben die archäologischen Funde und Befunde kaum näheren Aufschluss. Dass sie als Mittelpunkte einer größeren Siedlungskammer bzw. eines «Stammes» administrativ-politische, oft wohl auch kultische zentralörtliche Funktionen erfüllt haben, erscheint naheliegend. Unklar bleibt, in welchem Ausmaß sie bereits im 8.–9. Jahrhundert – ähnlich wie einige für diese Zeit belegte offene Fluss- und Seehandelsplätze – darüber hinaus auch schon Zentren eines beruflich spezialisierten Handwerks und eines regionalen Warenverkehrs bzw. eines überregionalen Fernhandels waren.

Das Phänomen der slawischen «Stammesburg» tritt archäologisch in erster Linie im östlichen Mitteleuropa und östlichen Europa, d. h. in den Siedlungsgebieten der späteren West- und Ostslawen, entgegen. Die sich auf dem Balkan und südlich der Donau niederlassenden Slawen haben offenbar keine oder kaum Burgen errichtet. Sie haben sich vielmehr aufgelassene oder eroberte byzantinische Städte und Forts angeeignet, die in vielen Fällen über alte, bis in die Antike zurückgehende Wehranlagen verfügten. Dieser interessante Unterschied ist im Übrigen schon dem Autor der «Beschreibung der Burgen und Regionen nördlich der Donau» aufgefallen, der um die Mitte des 9. Jahrhunderts über die Bulgaren bemerkte: «Das Land der Bulgaren ist unermesslich groß und hat [nur] 5 Burgen, weil es für ihre übergroße Mehrheit nicht Sitte ist, Burgen zu haben.»

Bulgaren, Kroaten und Serben. Die Bulgaren waren zu diesem Zeitpunkt schon lange nicht mehr jene turksprachigen Steppenkrieger, als die sie im 5. Jahrhundert nördlich des Schwarzen Meeres, zwischen Dnepr und Don, in Erscheinung getreten waren. Im 6. und frühen 7. Jahrhundert zogen Teile von ihnen neben oder zusammen mit Slawen und Awaren plündernd durch den Balkan, Makedonien und Thrakien und bedrohten Thessaloniki und Konstantinopel. Um 680/681 konnte sich

einer ihrer, von einem Mann namens Asparuch geführten Verbände dann südlich der unteren Donau festsetzen und zusammen mit mitgeführten bzw. dort angetroffenen Slawen und
Thrakern das sogenannte «Erste Bulgarische Reich» begründen.
Dieses Reich im östlichen und südöstlichen Teil der Balkanhalbinsel stellte bald einen bedeutenden Machtfaktor dar, den die
byzantinischen Kaiser letztlich vergeblich zu eliminieren bzw.
unter ihre Oberherrschaft zu zwingen versuchten. Aus den entsprechenden Konflikten und mitunter existenzbedrohenden
Krisen des 8. Jahrhunderts ging das Bulgarische Reich zu Beginn
des 9. Jahrhunderts als ein gefestigter, selbstständiger Herr-
schaftsverband hervor. Unter der Führung mächtiger Khane
(Krum, Omurtag) gelang ihm nicht nur eine weitere territoriale
Expansion nach Süden und Westen, sondern auch die Herstellung eines dauerhaften Friedens mit Byzanz. Beides förderte die
innere Konsolidierung des Reiches, die ihren materiellen Ausdruck u. a. im Bau großangelegter Festungsstädte wie Pliska,
Preslav und Silistra fand. Nicht nur Architektur und Städtebau
gerieten unter starken byzantinischen Einfluss. Auch die Herr-
schaftspraxis der Khane, die Formen ihrer Repräsentation und
Mechanismen ihrer Verwaltung, orientierten sich am byzantinischen, kaiserlichen Vorbild. Da war es nur folgerichtig, dass
Khan Boris-Michael in den 860er-Jahren schließlich auch die
Christianisierung des Reiches einleitete und unter byzantinischer Leitung eine bulgarische Kirchenorganisation errichten
ließ. Zu diesem Zeitpunkt war die einstige reiternomadisch-
protobulgarische Führungsschicht mit den Resten der indigenen
thrakischen Bevölkerung und den zugewanderten Slawen, deren Zahl sich unterdessen durch Eingliederung weiterer slawisch besiedelter Gebiete erhöht hatte, zu einem neuen ethnisch-
politischen Verband zusammengewachsen. Dabei hatte die
slawische Mehrheit die protobulgarische Minderheit sprachlich
vollkommen assimiliert, sodass das «Erste Bulgarische Reich»
um die Mitte des 9. Jahrhunderts tatsächlich als eine slawische
Herrschaftsbildung anzusehen ist.
  Deren westliche Nachbarn, Serben und Kroaten, besaßen dagegen bis zur Mitte des 9. Jahrhunderts noch keine gefestigten

großräumigen Herrschaftsstrukturen. Ihre Ethnogenese und ältere Geschichte liegen (auch wenn Konstantin Porphyrogennetos in der Mitte des 10. Jahrhunderts verschiedene, legendenhafte Varianten ihrer Frühgeschichte bietet) weitgehend im Dunklen. Die seit Karl dem Großen in den nördlichen Adria- und Balkanraum expandierenden Karolinger trafen bei den Kroaten zwar bereits auf regionale Anführer wie den *dux Dalmatiae atque Liburniae* Borna oder den *dux* Braslav, konnten diese aber noch leicht in ihre Abhängigkeit bringen. Bei den Serben, die sich bis ins 10. Jahrhundert hinein kaum aus den konkurrierenden Zugriffen der Bulgaren und Byzantiner verselbstständigen konnten, ist eine erste regionale Herrschergestalt nicht vor Mitte des 9. Jahrhunderts sicher belegt.

Karantanen. Deutlich früher hatte sich im Ostalpenraum, im Gebiet des heutigen Kärnten, ein slawisches Fürstentum etablieren können. Hier hatten sich bis um 600 slawischsprachige Zuwanderer unter Resten einer keltoromanischen Vorbevölkerung angesiedelt. Zusammmen mit weiteren, turksprachigen Bevölkerungsteilen formierten sie im Verlauf des 7.–8. Jahrhunderts einen eigenständigen ethnisch-politischen Verband, der das Ethnonym Karantanen (*Carantani*) annahm und sich bis ins zweite Drittel des 9. Jahrhunderts zwischen Bayern und Langobarden behaupten konnte. Sein erster namentlich bekannter Fürst war Boruth, der um 740 im Kampf gegen die Awaren bayerische Hilfe in Anspruch nahm und bei dieser Gelegenheit einen Teil seiner Familie und Gefolgsleute taufen ließ. Die in erster Linie von Salzburg aus betriebene Mission blieb nicht ohne Gegenwehr und auch die auf Boruth folgenden, offenbar jeweils nach einer von politisch bevorrechtigten Großen vollzogenen Wahl inthronisierten Nachfolger (*duces*) fanden sich nicht ohne Weiteres mit den Einmischungen und Ansprüchen der bayerischen Herzöge ab. So folgten einige unruhige Jahrzehnte, in denen eine christlich-bayerntreue und eine pagan-awarentreue Partei um die Vorherrschaft rangen. Anfang der 770er-Jahre gelang dem Bayernherzog Tassilo III. eine Befriedung der Lage, sodass die Christianisierung fortgesetzt und der bayerische Einfluss weiter gestärkt werden konnten. Dessen ungeachtet haben die karantanischen Fürsten, deren Hauptort wahrscheinlich in der Karnburg (nördlich von Klagenfurt) zu suchen ist, noch eine Weile ihre eigenständige Herrschaft behaupten können. Diese Eigenständigkeit endete 828 mit der Einführung der karolingischen Grafschaftsverfassung. Seither wurde das Land, dessen slawisch-karantanische Frühzeit außer einigen Eigenkirchen und Grabstätten praktisch keine archäologischen Spuren hinterlassen hat, von bayerischen Grafen verwaltet; später (976) wurde es von Otto II. in ein Herzogtum, das sechste des Reiches, umgewandelt. Nach dem Aufgehen des Landes in Bayern bzw. im Reich verschmolz die slawische Elite mit den neuen, zugewanderten Geschlechtern der Reichsaristokratie, während die einfache Landbevölkerung zu erheblichen Teilen slawisch blieb (und seit dem Spätmittelalter als *Windische* bezeichnet wurde).

Mährer. Keinen dauerhaften Bestand hatte auch das Reich der Mährer. Es trat seit den 820er-Jahren ziemlich unvermittelt in Erscheinung und hat ein vergleichsweise reiches archäologisch-materielles und kulturelles Erbe hinterlassen. Der Niedergang der Awaren, die Ende des 8. Jahrhunderts wiederholt von Karl dem Großen besiegt worden waren, hatte den Freiraum geboten, der es Slawen im Tal des namengebenden Flusses March erlaubte, eine eigenständige Herrschaft aufzurichten. 822 erschienen deren Abgesandte (*legationes Marvanorum*) erstmals auf einem Hoftag vor dem Kaiser, der die einst von den Awaren beherrschte Region als abhängiges Tributärgebiet seines Reiches ansah. In diesem Sinne streckte auch die bayerische Kirchenmission ihre Arme nach den Mährern aus. Diese wurden in den frühen 830er-Jahren noch von einem paganen Herrscher (*dux*) namens Moimir angeführt, der seine Herrschaft nach Osten ausdehnte, zu diesem Zweck einen Konkurrenten namens Pribina aus dessen Burgort Nitra vertrieb und dort seinen Verwandten Rastislav einsetzte. Wahrscheinlich geschah das im Einvernehmen mit den Ostfranken, die den vertriebenen Pribina als *dux* in Pannonien installierten. Als Ludwig der Deutsche Mitte der 840er-Jahre einen «Abfall» (*defectio*) der Mährer (*Sclavi Margenses*) fürchtete, intervenierte er militärisch, entfernte Moimir aus der Herrschaft und setzte an dessen Stelle Rastislav. Dieser entzog sich allerdings mit einigem Erfolg der fränkischen Einflussnahme, konnte auch weitere militärische Interventionen abwehren und seine Herrschaft fast ein Jahrzehnt lang unbehelligt festigen.

Dazu trug zweifellos bei, dass er sich für einen Anschluss an das maßgebliche ideologische System der Zeit, für den Übertritt zum christlichen Glauben entschied. Die in Mähren bereits aktive bayerische Mission war da als Vertreterin ostfränkischer Herrschaftsansprüche freilich wenig willkommen. So verwies Rastislav die bayerischen Missionare des Landes und bat Papst Nikolaus I. um Entsendung von Priestern. Der auf die ostfränkischen Interessen Rücksicht nehmende Papst wies die Bitte jedoch ab, woraufhin sich der Mährerfürst an das Oberhaupt der Kirche im Osten, den byzantinischen Kaiser Michael III., wandte. Der schickte in Absprache mit dem Patriarchen die Brüder Konstantin und Method nach Mähren. Die aus Thessaloniki stammenden Gelehrten verfügten nicht nur über einschlägige Erfahrungen, die sie in verschiedenen kirchlichen und diplomatischen Funktionen erworben hatten, sondern beherrschten auch das in der Umgebung ihrer Heimatstadt gesprochene Slawische. So bereiteten sie ihre mährische Mission u.a. mit Übersetzungen von Bibelstellen und anderen christlichen Texten vor, für die sie eigens eine dem slawischen Lautstand angepasste Schrift erfanden. Erst später, im 10.–11. Jahrhundert, wurde diese Glagolica durch eine vereinfachte, in Bulgarien entwickelte Schrift ersetzt, die sogenannte Kyrillica.

Nach ihrer Ankunft in Mähren im Herbst 863 begannen die beiden «Slawenapostel» sogleich Priester auszubilden und die Grundlagen einer mährischen Kirchenorganisation zu schaffen. Ihr Anliegen, mit dem Slawischen – neben dem Hebräischen, Griechischen und Lateinischen – eine vierte Liturgiesprache zu implementieren, konnten sie 869/870 in direkten Verhandlungen mit dem Papst gegen Widerstände behaupten. Während Konstantin in Rom erkrankte, in einem Kloster den Mönchsnamen Kyrill annahm und verstarb, kehrte Method als vom Papst geweihter Erzbischof nach Mähren zurück.

Das alles musste den Zorn der Ostfranken weiter anheizen. Tatsächlich konnten sie kurz darauf Rastislavs Neffen Svatopluk, der als mährischer Unterfürst in Nitra saß, dazu bewegen, sich gegen den Onkel zu erheben, diesen auszuliefern und an seine Stelle zu treten. Auch Method wurde der bayerischen Kirche überstellt, die ihn zu lebenslanger Klosterhaft verurteilte, 873 auf Intervention des Papstes aber wieder freilassen musste. Unterdessen erwies sich Svatopluk nur für kurze Zeit als gefügiger Verbündeter. Schon 874 befreite er sich erneut aus der ostfränkischen Abhängigkeit, stärkte anschließend Method als Repräsentanten kirchlicher Eigenständigkeit und führte das mährische Reich in den folgenden beiden Jahrzehnten zum Höhepunkt seiner äußeren und inneren Machtentfaltung. Die Stärke des mährischen Reiches beruhte auf einem System befestigter Siedlungen, das in zahlreichen Burgorten wie Mikulčice, Staré Město, Pohansko oder Hradiště seit den 1950er-Jahren eingehend archäologisch erforscht worden ist. Neben ihrer beachtlichen Größe, ihren mächtigen Befestigungsanlagen, qualitätsvollen Bauten und ihrer reichen materiellen Kultur zeichneten sich diese Burgorte durch ein spezialisiertes Handwerk und ihre Einbindung in einen Fernhandel aus, der sie über weite Räume mit den Zentren der damaligen Wirtschaft verband. Die in ihnen lebende gefolgschaftliche Elite hob sich merklich von der übrigen Bevölkerung ab, ließ sich in reich ausgestatteten Körpergräbern bestatten und unterhielt nicht selten sogenannte Eigenkirchen. Diese Elite war der entscheidende administrative Rückhalt der Fürstenherrschaft, die seit den späten 880er-Jahren allerdings erneut unter starken äußeren Druck geriet.

Der Tod Methods im Jahr 885 verlieh den Bestrebungen der bayerischen Kirche erneuten Auftrieb. Auch der Papst stellte sich nun gegen die Slawische Liturgie und verweigerte Gorazd, einem Schüler Methods, die Anerkennung als dessen Nachfolger im Amt des Erzbischofs. Die Leitung der mährischen Kirche übernahm der im Jahr 880 als Suffraganbischof in Nitra eingesetzte Alemanne Wiching. Er setzte das Verbot der Slawischen

Liturgie umgehend durch und veranlasste Svatopluk, Methods Schüler und Anhänger in die bulgarischen, serbischen und kroatischen Nachbarregionen abzuschieben. Damit fand die kirchenslawische Tradition in Mähren ihr frühes Ende. Wenig später ging das ganze Reich unter. Seit den 890er-Jahren gingen die Ostfranken erneut gegen Mähren vor, wobei ihnen nun neben den Bulgaren auch die kurz zuvor im Karpatenbecken aufgetauchten Ungarn zu Hilfe kamen. Ein Bruderkampf unter Svatopluks Söhnen, Moimir II. und Svatopluk II., sorgte für weitere Schwächung, sodass das Reich den ständigen Angriffen der Ungarn bald nichts mehr entgegenzusetzen hatte und zu Beginn des 10. Jahrhunderts als politisches Gebilde von der Landkarte verschwand.

III. Die Slawen und ihre mittelalterlichen Nationswerdungen

Da Karantanien im Herzogtum Bayern auf- und das Mährische Reich im Ungarnsturm unterging, traten allein die Bulgaren mit einer gefestigten, großräumigen politischen Herrschaft ins 10. Jahrhundert ein. Die übrigen Slawen sollten entweder noch längere Zeit im Rahmen gentilreligiöser Kleinherrschaften leben oder sie setzten gerade erst dazu an, in eigenen dynastisch-christlichen Fürstenherrschaften über dieses Stadium hinauszuwachsen. Letzteres gelang den Böhmen und Polen, den Ostslawen, den Kroaten und Serben. Sie alle konnten – wie die Bulgaren – selbstständige, großräumige Reiche begründen, die das mittelalterliche Europa politisch, wirtschaftlich und kulturell mehr oder weniger intensiv mitgestalteten. Ihre Herrscherdynastien und politischen Eliten formten bald selbstbewusste mittelalterliche Nationen (*nationes*), die sich zwar der Verwandtschaft der slawischen Sprachen bewusst waren, ihre ‹nationale Identität› aber aus ihrem partikularen Selbstverständnis als Böhmen/Tschechen, Polen, Rus', Kroaten, Serben

und Bulgaren ableiteten. Dieses Selbstverständnis sollte langfristig große Wirkungsmacht entfalten, auch wenn die ‹nationale Eigenstaatlichkeit› nur von den Tschechen und Polen un-
gebrochen auch über das Mittelalter hinaus bewahrt werden
konnte, während die Kroaten in das Königreich Ungarn, die
Serben und Bulgaren zunächst in das Byzantinische, dann Os-
manische Reich einbezogen und die Rus' der Herrschaft der
Goldenen Horde unterworfen wurden.

I. Die westslawischen Reiche der Böhmen und Polen

Böhmen/Tschechen. Die böhmischen Slawen gerieten 791 im
Kontext der Awarenkriege Karls des Großen in den Gesichts-
kreis der Franken. Diese bezeichneten sie als *Beheimi, Bohemi,
Boemani*, wobei sie auf die Bezeichnung der keltischen Boiern
zurückgriffen. Aus dem frühen 9. Jahrhundert sind erste Namen
von Anführern überliefert und zum Jahr 845 wird von 14 *duces*
berichtet, die sich in Regensburg den Ostfranken verpflichteten
und persönlich taufen ließen. Knapp drei Jahrzehnte später
kennen die Fuldaer Annalen die Namen von sechs böhmischen
Kleinfürsten. Einer von ihnen war Bořivoj (*Goriwei*), der erste
namentlich bekannte Herrscher aus dem Geschlecht der
Přemysliden, das bis 1306 allein die böhmischen Herzöge und
Könige stellen sollte. Diese Monopolstellung musste freilich erst
errungen werden. Das geschah in einem längeren Verdrän-
gungs- und Konsolidierungsprozess, der in den 870–880oer-
Jahren (u. a. mit der mährischen Taufe Bořivojs) eingeleitet und
nicht vor der zweiten Hälfte des 10. Jahrhunderts abgeschlossen
wurde. Denn auch andere böhmische Kleinfürsten versuchten
den Freiraum, den der Zerfall des Mährerreiches bald eröffnete,
zur Ausweitung ihrer Herrschaften zu nutzen. Die damit verbundenen inneren Auseinandersetzungen haben in den Quellen
nur wenige, indirekte Spuren hinterlassen; archäologische Befunde belegen die gewaltsame Zerstörung einzelner Burgorte
und den systematischen Bau neuer Burgen, während jüngere
Schriftquellen die Namen konkurrierender politischer Verbände
überliefern. Neben den Lučanen, Zličanen, Lemucer, Děčanen,

Chorwaten, Pšovanen und Doudleben werden in diesem Zusammenhang auch die Tschechen (*Češi*) genannt, deren Name später zur slawischen Selbstbezeichnung des gesamten Landes (*Čechy*) und seiner slawischsprachigen Einwohner wurde. Sie saßen in Mittelböhmen, in einem besonders fruchtbaren Landstrich, der im Schnittpunkt bedeutender Fernhandelswege auch verkehrsmäßig äußerst günstig lag. Ihr *dux* Bořivoj scheint es verstanden zu haben, die Vorteile dieser Lage zu nutzen. Vor allem erkannte er die entscheidende Bedeutung eines Übertritts zum Christentum und der damit erreichbaren Unterstützung seitens mächtiger Nachbarn. So öffnete er seinen Herrschaftsbereich großmährisch-byzantinischem Einfluss, ließ aber auch bayerisch-lateinische Missionare und fränkische Einflüsse zu. Damit erreichte er gegenüber seinen zunächst heidnisch bleibenden böhmischen Konkurrenten eine enorme Aufwertung, die bald mit einer territorialen Expansion in den Norden und Nordwesten Böhmens einherging und 894 die Abschüttelung der mährischen Oberherrschaft ermöglichte.

Ein Jahr später erschien Bořivojs ältester Sohn, Spytihněv, zwar immer noch gemeinsam mit weiteren böhmischen *duces* vor König Arnulf, doch wurde er – neben einem böhmischen *dux* namens Witizla – bei dieser Gelegenheit bereits besonders herausgehoben. Zusammen mit seinem jüngeren Bruder Vratislav festigte er in der Folge die přemyslidische Vorherrschaft u. a. durch den Ausbau ihres zentralen Herrschersitzes, der von Levý Hradec nach Prag verlegt wurde, wo auf einem strategisch hervorragend gelegenen Felssporn über dem linken Moldauufer eine großzügige Burganlage entstand. Diese nahm zugleich ein Archipresbyteriat des Regensburger Bistums auf.

In den 920er-Jahren übernahmen die Söhne Vratislavs die Herrschaft, gerieten aber rasch in Konflikt miteinander. In diesem typischen Bruderkampf ließ der jüngere Boleslav den älteren Václav/Wenzel schließlich ermorden. Dabei mag neben der Machtkonkurrenz auch ein anhaltender paganer Widerstand gegen die von Václav forcierte Christianisierung sowie ein Dissens in der Frage mit im Spiel gewesen sein, welcher Partei man sich im bayerisch-sächsischen Gegensatz anschließen sollte.

Während Václav seit 929 als treuer Verbündeter der Sachsen agierte, wechselte Boleslav nach der Ermordung des Bruders die Seiten und suchte den innerböhmischen Zentralisierungsprozess mit bayerischer Rückendeckung zu forcieren. Der dadurch eingetretene Konflikt mit Otto I. endete 950 mit Boleslavs Kapitulation und der Anerkennung der böhmischen Lehenspflicht gegenüber dem römisch-deutschen Reich. Über die ‹staatsrechtlichen› Folgen dieser Lehnsbindung haben deutsche und tschechische Historiker lange Zeit gestritten. Heute besteht Konsens darüber, dass die lehnsrechtliche Bindung Böhmen zwar in einer Sonderstellung in das Reich einbezog, dies die innerböhmische Autonomie aber gänzlich unberührt ließ.

Die Vereinigung des gesamten böhmischen Territoriums unter přemyslidischer Vormacht war bereits in den 930–940er-Jahren entscheidend beschleunigt worden. Boleslav beseitigte die noch unabhängigen *duces,* inkorporierte deren Personenverbände und baute Prag konsequent zu einem administrativen und geistlichen Zentrum aus. Die Burgstadt an der Moldau war inzwischen zu einem der bedeutendsten Umschlagplätze des westöstlichen Fern-, insbesondere Sklavenhandels aufgestiegen. Damit flossen dem přemyslidischen Fürsten immense Einnahmen aus Zöllen und Abgaben zu. Diese benötigte er auch dringend für die Ausrüstung und den Unterhalt seiner Gefolgschaft. Denn nur mit einer gut versorgten Gefolgschaft konnte er seine Macht dauerhaft nach innen festigen und zugleich nach außen erweitern. Seine Truppen zogen gegen Nordmähren, bis nach Schlesien und an die obere Weichsel. Die auf solchen Kriegszügen eroberte Beute stellte eine weitere wichtige Quelle der materiellen Fundierung der přemyslidischen Herrschaft dar.

Deren geistlich-ideologischer Legitimierung diente der Auf- und Ausbau der kirchlichen Strukturen, der 973 zur Errichtung eines eigenen (dem Erzbistum Mainz unterstellten) Prager Bistums führte. Gleichzeitig betrieb Boleslav die Heiligsprechung seines ermordeten Bruders Václav/Wenzel, dessen Leichnam er in die Prager Veitskirche überführen ließ. Damit begründete er einen landeseigenen politischen Heiligenkult, der nicht nur Einheit und Identifikation stiftete, die herausgehobene Stellung

Prags festigte, ja die Stadt zum Symbol der Herrschaft über Böhmen schlechthin erhob, sondern der Dynastie der Přemysliden, der Wenzel entstammte, auch einen enormen Zuwachs an Prestige und Machtlegitimation verlieh.

Die von Boleslav und seinem Sohn, Boleslav II., angewandten extensiven Herrschaftsmethoden erwiesen sich gegen Ende des 10. Jahrhunderts zunehmend als Sackgasse. Die parallele Konsolidierung der benachbarten Herrschaftsbildungen der Polen, Ungarn und Rus' setzten der böhmischen Expansion, den mit ihr verbundenen Beute- und Raubzügen Grenzen und verminderten den kontinuierlichen Zustrom von Silber, Waren und Sklaven. Das wiederum gefährdete die Unterhaltung einer immer größeren herzoglichen Gefolgschaft. Die strukturelle Krise, in die das Přemyslidenreich auf diese Weise geriet, wurde durch Thronstreitigkeiten unter den Söhnen Boleslavs II., durch deren Konflikte mit dem Bischof und dem entstehenden Adel sowie durch militärische Auseinandersetzungen mit den Nachbarn zusätzlich verschärft. Erst unter Herzog Břetislav I. gelang es, die Krise in den 1030–50er-Jahren zu überwinden. Dazu wurde die Burgenorganisation ausgebaut und die extensive Ressourcenabschöpfung durch eine intensive Landesverwaltung abgelöst, die auf eine regelmäßige Steuer- und Abgabenerhebung, die Einnahme von Gerichtsgeldern und auf von der Bevölkerung zu erbringende systematisierte Dienstleistungen setzte.

Die von Břetislav vor seinem Tod (1055) erlassene Thronfolgeordnung hat nicht verhindern können, dass sich seine Söhne und Enkel weiterhin um die Thronfolgen stritten. So wurden kürzere und längere Phasen einer stabilen Herzogsherrschaft von Jahren, mitunter auch Jahrzehnten der Instabilität abgelöst, in denen heftig um ungeklärte Thronfolgen gerungen wurde und Interventionen der Nachbarn abgewehrt werden mussten. Dennoch blieben die Přemysliden als Dynastie letztlich unangefochten, ja konnten ihre Stellung auf längere Sicht weiter konsolidieren. Schon 1085 erreichte Vratislav II. die persönliche Erhebung zum König, was 1158 auch Vladislav II. gelang; dauerhaft den Königstitel trugen die böhmischen Herrscher dann seit der Krönung Přemysl Ottokars I. 1198. Im Unter-

schied zu Polen oder der Kiewer Rus' haben die dynastischen
Konflikte des 11. und 12. Jahrhunderts Böhmen nicht in fak-
tisch separate Landesteile auseinandergerissen, auch wenn die
Versorgung jüngerer Přemyslidensöhne mit mährischen Landes-
teilen bzw. die daraus folgende Ausbildung mährischer Nebenlinien durchaus Ansätze für eine solche Entwicklung geboten
haben.

Die Dynastie blieb der Kern des politischen Selbstverständnisses, auch als sich die geistlichen und weltlichen Großen als
eigene, rechtlich und ökonomisch privilegierte Gemeinschaften – als Klerus und Adel – konstituierten und politisch gegenüber der Fürstenherrschaft zunehmend emanzipierten. Gerade
sie wurden nun die maßgeblichen Träger eines böhmischen
Landesbewusstseins, in dem das «Slawische» einstweilen keinerlei Rolle spielte. Im Gegenteil, seit dem 12. Jahrhundert wurde
in manchen älteren Texten die Charakterisierung der Böhmen
als Slawen bewusst getilgt. Auch die Abgrenzung gegenüber
dem ‹Andersnationalen›, dem Fremden, die mit jedem ‹nationalen› Selbstbewusstsein einhergeht, erfolgte zunächst weniger
gegenüber den Deutschen, sondern vor allem gegenüber den
polnischen Nachbarn, die – ungeachtet einer erst wenig ausgeprägten sprachlichen Differenz – noch keineswegs als ‹slawische
Brüder› wahrgenommen wurden.

Der Kult um den Heiligen Wenzel, der mehr und mehr zum
wichtigsten Symbol des Landes überhöht und als der ‹wahre›
Přemyslidenherrscher verehrt wurde (der jeweilige Herzog bzw.
König galt bald nur noch als sein Repräsentant auf Erden), kam
ebenso ohne Rückgriff auf ein ‹Slawentum› aus wie das älteste
erzählende Geschichtswerk der Böhmen. Die von dem Prager
Domdekan Kosmas zwischen 1119 und 1125 verfasste «Chronica Boemorum» bezeichnete die Böhmen zwar vereinzelt auch
einmal als Slawen (*Sclavi*) bzw. ihre Sprache als eine slawische
(*Sclavonice lingue*), vertrat aber bereits einen ausgeprägten
böhmischen ‹Landespatriotismus›. Dass dieser zu Beginn des
12. Jahrhunderts noch ganz an die Dynastie gebunden war, geht
eindrücklich aus der von Kosmas dargebotenen Version der
böhmischen Frühgeschichte hervor. Diese war unter Verwen-

dung antiker und biblischer Erzählmuster, im Rückgriff auf die eigene Phantasie, vielleicht auch unter Einbeziehung gewisser mündlicher Traditionen konstruiert worden. Sie umfasste eine typische Landnahmesage, die erzählte, wie sich die Böhmen unter ihrem Anführer, dem Heros eponymos *Boemus*, in Mittelböhmen niederließen. Darüber hinaus umfasste sie eine nicht minder typische dynastische Berufungssage. Diese erzählte, wie das böhmische Volk am Ende eines Goldenen Zeitalters die Tochter und Nachfolgerin des Richters Krok, Libuša, um die Berufung eines monarchischen Herrschers bat und wie dieser Herrscher mithilfe übernatürlicher Kräfte in Gestalt eines in mythologischer Symbolik als Pflüger (*arator*) vorgestellten Mannes namens Přemysl aufgefunden wurde. Als erster böhmischer Herzog habe dieser Přemysl anschließend das ungezähmte böhmische Volk gezügelt, dem Land Gesetze gegeben und die Hauptstadt Prag begründet.

Nicht nur diese beiden legendären Erzählstränge sollten dem zeitgenössischen Rezipienten des Chronikwerkes die göttliche Legitimation der přemyslidischen Herrscher und der dominierenden Stellung ihres Prager Zentrums vor Augen führen. Die ganze Chronik war ein Plädoyer für eine starke, einheitliche Herrschaft der Nachfolger des Přemysl in einem ungeteilten Böhmen und Mähren. Für Kosmas war diese Herzogsherrschaft ebenso untrennbar an die Přemysliden gebunden wie das von ihnen beherrschte Land und Volk. Damit führte er Dynastie, Land und politische Elite zu einer Einheit zusammen, die von einem spezifisch mittelalterlichen ‹nationalen› Eigenbewusstsein erfüllt war. Erst im 13./14. Jahrhundert sollte dieses frühnationale böhmisch-tschechische Selbstverständnis um neue ideologische Elemente erweitert werden, die dann erstmals auch die Idee von einer slawischen Gemeinsamkeit instrumentalisierten.

Polen. Erheblich später als die Böhmen traten nach der Mitte des 10. Jahrhunderts die Polen ins Licht der lateinischen Schriftquellen. Widukind von Corvey berichtete um 970 als Erster von einem ihrer Anführer, einem *rex* namens *Misaca* (Mieszko). Dieser verfügte, als er 963 mit dem sächsischen Markgrafen

Gero zusammenstieß, bereits über eine beachtliche Macht (*po-testas*). Auch Ibrahim ibn Jakub, der wenig später als Gesandter des Kalifen von Cordobá am Hof Ottos I. in Magdeburg weilte, beschrieb ihn als einen mächtigen «König des Nordens», dessen Herrschaft sich über das «ausgedehnteste» der Slawenländer erstreckt habe. Diesen externen Beobachtungen war zwischen mittlerer Oder und mittlerer Weichsel ein Prozess der inneren Machtakkumulation und Herrschaftsverdichtung vorausgegangen, den die Schriftquellen weitgehend im Dunklen lassen.

Die älteste, zwischen 1113 und 1116 von einem anonymen romanischen Geistlichen, dem sogenannten Gallus Anonymus, am Hof des polnischen Herzogs verfasste polnische Chronik hat die Anfänge der polnischen Monarchie in einer ähnlichen dynastischen Gründungssage beschrieben, wie sie fast zeitgleich Kosmas von Prag geboten hat. Auch sie bediente sich verbreiteter, insbesondere biblischer Erzählmuster und schilderte in einfachen, ausdrucksstarken Bildern, wie die Herrschaft einst von einem ungastlichen, deshalb von der göttlichen Vorsehung verlassenen Herzog namens Popiel auf die Nachkommen des einfachen Bauern Piast übergegangen sei. Dessen gastfreundliche Aufnahme zweier, von Popiel zuvor abgewiesener Fremder wurde nicht nur durch eine wundersame Trank- und Speisevermehrung, sondern auch durch eine Weissagung über die Zukunft des Sohnes belohnt, dem die fremden – unschwer als Gesandte Gottes erkennbaren – Gäste «in Vorahnung des Künftigen den Namen Semouith» gaben. Diesen Siemowit bestimmte, wie die Chronik weiter erzählt, «der König der Könige und Fürst der Fürsten» später zum «Herzog von Polen», während «Popiel samt seiner Nachkommenschaft von der Herrschaft mit Stumpf und Stil ausgerottet» wurde. Mit Siemowit aber, dem Sohn des Piast und dem Urgroßvater des Mieszko, habe die legitime und seither fortdauernde Herrschaft des Geschlechts der Piasten ihren Anfang genommen. Selbstverständlich hat der im herzoglichen Auftrag schreibende Chronist mit dieser Geschichte keine getreue Rekonstruktion der Anfänge piastischer Herrschaft geboten. Worum es ihm – ähnlich wie Kosmas von Prag – mit dem Topos der göttlichen Berufung des Herrschergeschlechts vielmehr ging, war dessen geistlich-ideologische Legitimierung.

Die Archäologie lokalisiert den Ausgangspunkt der piastischen Herrschaft im Zentrum des heutigen Großpolen. Hier entstand in den 920–950er-Jahren ein neues System großer Burganlagen, während in anderen Regionen Großpolens ältere, im 8. bis 9. Jahrhundert errichtete kleinere Burgsitze systematisch zerstört wurden. Durch die Umsiedlung eines Teils der Bevölkerung aus ihrem Umland ins Posen-Gnesener Hochland wurde dort eine agrarische Intensivierung in Gang gesetzt, die mit der Etablierung eines interregionalen Warentausches einherging, über den insbesondere Waffen und Luxusgüter für die herzogliche Gefolgschaft beschafft wurden.

Aus ihrem Kernraum dehnte sich die Gnesener Herrschaft zunächst nach Süden bzw. Südosten in die Gebiete von Kalisz, Sieradz und Łęczyca, nach Westen in das Gebiet von Międzyrzecz sowie nach Osten bis an die untere Weichsel aus. In den 970er-Jahren folgte die weitere Expansion nach Südosten in das Gebiet von Lublin, Sandomierz und Przemyśl sowie möglicherweise in nördliche Richtung bis in das Weichseldelta. Im Westen war Mieszko in den frühen 960er-Jahren bis an die untere Oder vorgerückt, wo heidnische Elb- und Ostseeslawen sowie sächsische Amtsträger seiner weiteren Westexpansion Grenzen setzten. Aus seinen Zusammenstößen mit den sächsischen Markgrafen lernte er rasch, schloss mit den Ottonen einen Freundschaftsbund (*amicitia*) und begründete durch die Ehe mit Dobrawa, einer Tochter Boleslavs I., zugleich ein Verwandtschaftsverhältnis mit den Přemysliden. Beides setzte den Übertritt zum Christentum voraus, von dem sich der polnische Herzog zweifellos eine weitere innere Festigung seiner Herrschaft versprach. Unklar bleibt, ob seine in den Krakauer Annalen auf das Jahr 966 datierte Taufe in einem der Gnesener Burgzentren von böhmischen oder auf einem ottonischen Hoftag in Magdeburg oder Quedlinburg von sächsischen Klerikern vollzogen wurde.

Kurz vor seinem Tod (992) übertrug Mieszko sein gesamtes Herrschaftsgebiet in einem symbolischen Schenkungsakt dem

Papst. Damit ebnete er den Weg zur Etablierung einer eigenständigen polnischen Kirchenorganisation, die freilich erst sein Sohn und Nachfolger Bolesław I. realisieren konnte. Dieser setzte die Politik seines Vaters fort, blieb den Ottonen zunächst ein treuer Verbündeter, trieb die eigene territoriale Expansion in alle Richtungen voran und setzte sich mit Energie und Härte für die Verchristlichung des Landes ein. Seinen kirchlich-religiösen und politischen Ambitionen kam dabei entgegen, dass der 994 zur eigenständigen Herrschaft gelangte, 996 zum Kaiser gekrönte Otto III. für seine Idee einer *renovatio imperii Romanorum* im Osten, in der polnischen *Sclavinia*, einen potenten Mitstreiter suchte.

Befördert wurde die ottonisch-polnische Annäherung auch durch das Wirken einer Persönlichkeit, der sich beide Monarchen eng verbunden fühlten – den Prager Bischof Vojtěch. Der in Magdeburg auf den Namen Adalbert gefirmte Böhme hatte sich als zweiter Prager Bischof mit seiner großen Kirchenstrenge wenig Freunde gemacht und am Ende gezwungen gesehen, sein Bischofsamt aufzugeben. Er verschrieb sich der Heidenmission, gelangte an den Hof Bolesławs und brach von dort im Frühjahr 997 zu einer Missionsreise zu den heidnischen Pruzzen auf. Nachdem er dort den Märtyrertod gefunden hatte, löste Bolesław seinen Leichnam aus, setzte diesen in Gnesen bei und ließ die Kunde vom Märtyrertod nach Rom und Aachen tragen. Die Wirkung blieb nicht aus. Binnen kürzester Frist erfolgte Adalberts Kanonisierung, sodass Bolesław noch vor der Jahrtausendwende seinen eigenen Heiligen hatte.

Wie gut sich mit einem solchen Politik machen ließ, zeigte sich im Frühjahr des Jahres 1000, als Otto III. mit großem Gefolge das Gnesener Grab des ermordeten Freundes aufsuchte. Bolesław nutzte den ungewöhnlichen Besuch zu einer eindrucksvollen Demonstration seiner Macht und wurde vom Kaiser bei dieser Gelegenheit tatsächlich zu einem königsgleichen Herrscher erhöht. Neben der Anerkennung seiner politischen Unabhängigkeit erreichte Bolesław auch die volle Eigenständigkeit im kirchlichen Bereich. Denn anlässlich des Gnesener Kaiserbesuchs wurde mit dem Erzbistum Gnesen und seinen drei Suffraganbistümern Kolberg, Breslau und Krakau auch eine selbstständige polnische Kirchenorganisation ins Leben gerufen.

Damit war die Aufrichtung einer monarchischen Herrschaft bei den polnischen Slawen zu einem ersten, äußeren Abschluss gelangt. Innerhalb eines halben Jahrhunderts war es gelungen, aus einer mittelpolnischen Regionalherrschaft ein großräumiges Reich zu formen, das sich von der Ostsee bis zu den Sudeten, von der Oder bis zum Bug erstreckte und nicht zufällig seit der Jahrtausendwende auch mit einem eigenen Landesnamen – *Polonia* – und einer entsprechenden Bezeichnung seiner Vertreter als *Poloni* hervortrat.

Doch wie in Böhmen führte auch in Polen der extensive Charakter der frühen Herzogsherrschaft schon im zweiten Viertel des 11. Jahrhunderts in eine schwere Krise. In dieser Krise verbanden sich die nach dem Tod Bolesławs I. (1025) und dem Tod seines Sohnes Mieszko II. (1034) entbrannten Thronfolgekonflikte, die Bestrebungen der Nachbarn, an Bolesław verlorene Territorien zurückzuerlangen, und innere Strukturprobleme zu einem schwer entwirrbaren Ursachenbündel. Mit ihrer allein auf Tribut, Raub und Beute gestützten Herrschaft, die zu langjährigen militärischen Auseinandersetzungen mit praktisch allen Nachbarn führte und die von der Bevölkerung immer höhere Abgaben und Leistungen erpresste, hatten die Herzöge die Möglichkeiten des Landes überstrapaziert. Die wirtschaftlich und mental überforderte Bevölkerung reagierte mit sozialem Aufruhr und paganem Widerstand, den einzelne mit der zentralisierenden Politik des Monarchen unzufriedene Große vorübergehend auch dazu nutzten, ihr Glück in eigenen regionalen Herrschaften zu erproben.

Dessen ungeachtet hat die Strukturkrise auch in Polen am Ende nicht zu einer dauerhaften Ablösung der angestammten Dynastie geführt. Die Bevölkerung nahm die von Kasimir I., dem Enkel Bolesławs I., in den 1040–1050er-Jahren betriebene Wiederherstellung der piastischen Monarchie nicht nur hin, sondern setzte nach den Schrecken des Aufruhrs und der Zerstörung ihre Hoffnungen erneut auf eine starke monarchische Herrschaft. Als deren Träger blieben die Piasten unumstritten;

sie galten als die «natürlichen Herren» (*domini naturales*) des Landes, das sie im Rahmen eines Burgbezirkssystems mithilfe von Amtsträgern als ein quasi privates Eigentum verwalteten. Als Vatererbe (*patrimonium*) fiel dieses Eigentum beim Tod eines Herzogs (der Königstitel konnte 1025–1034 und 1076–1079 nur vorübergehend erlangt werden) im Prinzip an alle lebenden männlichen Mitglieder der Dynastie. Damit waren innerdynastische Konflikte um die Thronfolge auch in Polen vorprogrammiert. Ob und in welchem Ausmaß sie tatsächlich ausbrachen, blieb dem biologischen Zufall überlassen, war von Zahl und Temperament der erbberechtigten Söhne abhängig.

Nachdem sich zu Beginn des 12. Jahrhunderts bereits Bolesław III. und Zbigniew heftig um das Vatererbe gestritten hatten, drohte die zahlreiche männliche Nachkommenschaft des Ersteren, der am Ende eine gut dreißigjährige Alleinherrschaft hatte durchsetzen können, weit schärfere Auseinandersetzungen heraufzubeschwören. Die Thronfolgeordnung, die Bolesław III. daher im Konsens mit den Großen des Landes vor seinem Tod (1138) erließ, hat diese Auseinandersetzungen nicht verhindern können. Sie sah vor, das *regnum Poloniae* dergestalt unter die Söhne zu teilen, dass dem ältesten als Senior zusammen mit Krakau und Kleinpolen die Oberherrschaft, den jüngeren aber mit Schlesien, Großpolen und Masowien jeweils eine eigene, wenn auch minder berechtigte Teilherrschaft zufiel; beim Tod des Seniors sollte der nächstälteste Bruder in dessen Position nachrücken. Schon die Bolesław-Söhne haben sich kaum an diese Verabredung gehalten und außer der Reihe nach der Oberherrschaft gegriffen. Die Enkel taten es ihnen gleich, betrachteten bald aber eher die von ihren Vätern ererbten Teilherrschaften als ihr jeweils unveräußerliches Erbe. So spaltete sich die Dynastie in regionale Nebenlinien auf, die in Schlesien und Masowien durch Erbteilungen weiter vermehrt wurden. Um 1300 bestanden schließlich zwanzig eigenständige Teilherzogtümer, die nicht länger als gemeinschaftlicher Besitz der Piasten, sondern als separate *patrimonia* ihrer jeweiligen regionalen Nebenlinien angesehen wurden. Deren Vertreter betrachteten sich als souveräne Herrscher in einem souveränen Herzogtum und verfolgten entsprechend partikulare Interessen. Eine gesamtpolnische Politik, etwa ein gemeinsames Auftreten nach außen hin oder eine gemeinsame Abwehr äußerer Gefahren (wie der Mongolenüberfälle von 1241, 1258/59 und 1287), kam auf diese Weise nicht mehr zustande.

Allein in der Kirchenorganisation blieb eine administrative und geistliche Klammer erhalten, die auch weiterhin das gesamte *regnum Poloniae* umspannte. Vertreter der Kirche waren es denn auch, die die Erinnerung an die verlorene Einheit am ehesten lebendig erhielten. Diese Erinnerung lebte in verschiedenen Symbolen fort – in der ‹Hauptstadtfunktion› Krakaus, in den in der dortigen Kathedrale aufbewahrten, aus dem 11. Jahrhundert stammenden Krönungsinsignien, in einer Wiederbelebung des Adalbert-Kultes oder in der Verehrung des 1079 vor dem Altar ermordeten Krakauer Bischofs Stanisław. Die zu seiner um die Mitte des 13. Jahrhunderts erfolgten Heiligsprechung verfassten Viten entwickelten im Bild der Vierteilung des Heiligen und seiner anschließenden göttlich-wundersamen körperlichen Wiederzusammenfügung eine erste Vision von der künftigen Wiederherstellung eines geeinten Königreiches. Auch wenn solche Bilder und Vorstellungen noch keine größere gesellschaftliche Wirkung entfaltet haben, belegen sie doch, dass zumindest im kleinen Kreis der Elite, d. h. bei den sich als *Poloni* verstehenden geistlichen und weltlichen Großen des Landes, der politisch-territorialen Aufsplitterung ein Zusammengehörigkeitsgefühl entgegengestellt wurde, dessen Bezugspunkt die gesamte *Polonia* war. Dieses Bewusstsein trat um 1200 schon in der *Chronica Polonorum* hervor. Sie war das Werk eines möglicherweise in Bologna oder Paris ausgebildeten Magisters Vincentius, der am Krakauer Hof Kasimirs II. wirkte, Propst in Sandomir war und 1208 zum Bischof von Krakau gewählt wurde. Als Vertreter der kleinpolnischen Elite, die Kasimir seit 1177 die widerrechtliche Usurpation des Krakauer Seniorats ermöglicht hatte, schilderte Vincentius die polnische Geschichte nicht, wie noch Gallus Anonymus, ausschließlich als eine Geschichte der Piastendynastie, sondern auch als die Geschichte eines Gemeinwesens, an dem neben der Dynastie die

Großen des Landes Anteil hatten. Als hervorragender Kenner der antiken Literatur sprach er daher bewusst von einer *res publica*, deren Ursprünge er zugleich weit in die Antike zurückführte. Damit schrieb er der *Polonia* nicht nur einen Stammbaum zu, der sie mit den Römern verband, sondern stellte seiner von den herzoglichen Bruderkämpfen erschütterten Gegenwart auch das Ideal einer von Tugend und Gemeinwohl erfüllten Gesellschaft gegenüber. Auf diese Weise verband er die Überzeugung von der göttlichen Legitimation der Piasten, die Vorstellung von einer gemeinsamen Geschichte der *Poloni* und das vom Anspruch auf politische Mitsprache erfüllte Selbstverständnis der Elite zu einem neuen politischen Bewusstsein, das bereits erkennbare Züge eines mittelalterlichen Nationsverständnisses aufwies. Vom slawischen Charakter der *Poloni* war dabei ebensowenig die Rede wie von einer frühslawischen Vergangenheit. Als Slawen sollten sich auch die Polen – oder genauer: einzelne polnische Intellektuelle – erst im 14. Jahrhundert entdecken.

2. Die Kiewer Rus' der Ostslawen

In den Weiten der osteuropäischen Wald- und Waldsteppengebiete wurden bis in die Mitte des 10. Jahrhunderts zunächst vor allem die sogenannten Rus' wahrgenommen. Bei ihnen handelte es sich um Gruppen skandinavischer Kriegerhändler, die seit dem späten 8. Jahrhundert mit ihren Bootsflotten in die Welt der ostslawischen, finno-ugrischen und baltischen Gentilgesellschaften eingebrochen und im ersten Drittel des 9. Jahrhunderts – angelockt von den Reichtümern der Mittelmeerwelt – bis nach Byzanz vorgestoßen waren. Byzantinische Quellen berichten denn auch als erste von jenen Slawen, die im Einzugsbereich der osteuropäischen Flussverbindungen lebten. An diesen Flüssen – vor allem an Volchov, Lovat', Wolga, Desna, Dnepr – errichteten die Rus' befestigte Stützpunkte, die zu Ausgangspunkten einer sukzessiven Herrschaftsbildung wurden. Von ihren Stützpunkten aus unterwarfen sie die ihnen erreichbaren slawischen Verbände, pressten ihnen Tribute ab und tauschten die so erbeuteten Waren (vor allem Pelze, Wachs, Honig und Sklaven) gegen byzantinische und orientalische Luxusgüter. Wie das vor sich ging, davon vermittelte noch um die Mitte des 10. Jahrhunderts Konstantin Porphyrogennetos in seiner Lehrschrift über die Verwaltung des Byzantinischen Reiches einen Eindruck. Dabei sprach er ganz allgemein von Slawen (*Sklaboi*) bzw. slawischen Verbänden (*Sklabeniai*), wusste einige von ihnen aber auch (in griechischer Verzerrung) bei ihren slawischen Namen zu nennen.

Einen Teil dieser Namen sowie Namen weiterer Verbände kannte zu Beginn des 12. Jahrhunderts auch noch die älteste rus'ische Chronik, die sogenannte «Erzählung von den vergangenen Jahren». Zwei der von Konstantin Porphyrogennetos genannten ‹Stämme› – die Lendzanen und Severjanen – mögen zudem mit den *Lendizi* und *Zerivani* der «Beschreibung der Burgen und Regionen nördlich der Donau» aus der Mitte des 9. Jahrhunderts identisch gewesen sein. Es spricht mithin einiges dafür, dass die skandinavischen Rus' im 9.–10. Jahrhundert im Einzugsbereich von Volchov, Wolga und Dnepr auf slawische Verbände stießen, die zum Teil bereits über gefestigte kleinregionale Strukturen verfügten. Welche politischen und sozialen Organisationsformen diese Strukturen – über den eigenen Namen hinaus – konkret ausgeprägt haben, lassen die Quellen kaum erkennen. Seit dem frühen 10. Jahrhundert wurden die slawischen gentilgesellschaftlichen Verbände dann nach und nach in die übergeordneten Strukturen des entstehenden rus'isch-ostslawischen Reiches, die Kiewer Rus', integriert.

Wie im Fall der bulgarischen Reichsbildung ging der Prozess der Kiewer Herrschaftsbildung mit einem eigenartigen Assimilationsvorgang einher. Die aus Skandinavien kommende kriegerische Elite wurde von der einheimischen slawischen Mehrheitsbevölkerung rasch assimiliert und binnen weniger Jahrzehnte vollständig slawisiert. Wie sehr sich die zahlenmäßig stets überschaubare Gruppe der nordischen Zuwanderer von Anfang an die Sprache der Ostslawen angeeignet haben muss, deutet der Umstand an, dass kaum 20 Lehnwörter bekannt sind, die im 9.–10. Jahrhundert aus dem Altnordischen ins Altrussische ent-

lehnt worden sind. Zu Beginn des 10. Jahrhunderts waren die
maßgeblichen Vertreter des entstehenden Kiewer Reiches, wie
die Zeugenliste des ersten rus'isch-byzantinischen Handelsver-
trages zeigt, noch ausschließlich skandinavisch. Vier Jahrzehnte
später, im Jahr 944/945, wurde dann ein weiterer rus'isch-
byzantinischer Handelsvertrag schon nicht mehr von einer
rein nordischen, sondern bereits von einer ethnisch gemischten
Gruppe bezeugt. Dass die Slawisierung zu diesem Zeitpunkt
auch innerhalb der Herrschersippe selbst weit vorangeschritten
war, lässt der slawische Name des um 940 geborenen Kiewer
Fürsten Svjatoslav erkennen.

Folgt man der dynastischen Berufungssage, die sich in der
bis 1115/16 abgeschlossenen «Erzählung von den vergangenen
Jahren» findet, so war Svjatoslav der Enkel eines Mannes namens Rjurik. Diesen sollen slawische und finno-ugrische ‹Stam-
mesgruppen›, die untereinander in Fehde lagen, von jenseits des
Meeres, d.h. aus Skandinavien, zu sich berufen haben, damit er
bei ihnen Ordnung herstelle, über sie «herrsche und gerecht
richte». Rjurik habe sich daraufhin mit seiner Sippe in Nowgo-
rod, seine beiden Brüder Sineus und Truvor mit ihren Sippen in
Beloozero und Izborsk niedergelassen. Da beide rasch verstar-
ben, habe Rjurik die Alleinherrschaft übernommen und seine
Gefolgsleute über Burgen verteilt. Auch in dieser Geschichte ist
das Toposhafte wieder unschwer erkennbar – das verbreitete
Drei-Brüder-Motiv, das Motiv der Auswahl eines Fürsten bzw.
der Berufung eines fremden Herrschers für eine unter sich zer-
strittene Gemeinschaft. Diese Erzählelemente dürfen mithin
ebenso wenig wörtlich genommen werden wie die Jahreszahl,
unter der die Geschichte in der Chronik eingestellt wurde (862),
oder die Namen der Orte, an denen die drei nordischen Sip-
penführer ihre Herrschaft aufgerichtet haben sollen. Unklar ist
auch, ob es sich bei Rjurik um eine historische oder fiktive Gestalt gehandelt hat. Sein nordischer Name scheint immerhin
eine Erinnerung an die ursprüngliche skandinavische Herkunft
der Rus' bewahrt zu haben. Und wie die přemyslidischen und
piastischen Gründungslegenden diente selbstverständlich auch
die rus'ische Berufungslegende im ausgehenden 11., beginnen-

den 12. Jahrhundert in erster Linie dazu, die Legitimität des herrschenden Fürstenhauses zu begründen – das im Übrigen erst eine jüngere Tradition als Haus der Rjurikiden zu bezeichnen begann.

Eine weitere historische Erinnerung, die die Berufungslegende bewahrte, war die Tatsache, dass die ältesten rus'ischen Herrschaftskerne im Norden lagen und sich die Rus' erst von dort aus nach Süden ausgebreitet haben. Die «Erzählung von den vergangenen Jahren» hat diesen Vorgang im Bild eines Eroberungszuges verdichtet, den ein aus dem Umfeld Rjuriks stammender Gefolgsmann namens Oleg/Helgi im Jahr 882 mit der Einnahme Kiews erfolgreich abgeschlossen haben soll. Tatsächlich wuchsen die an zentralen Stellen des osteuropäischen Flusswegenetzes errichteten rus'ischen Stützpunkte seit dem ausgehenden 9. Jahrhundert nach und nach zu einem entlang der Dnepr-Volchov-Achse geeinten Reich zusammen. Damit erfuhr auch das ursprünglich nur auf die skandinavische Personengruppe bezogene *Rus'* eine entsprechende Bedeutungserweiterung. Es benannte bald auch das von den Rus' beherrschte Land, sodass lateinische und byzantinische Quellen das Kiewer Reich als *Ruscia* und *Rosia* zu bezeichnen begannen (und damit der modernen russischen Landesbezeichnung *Rossija/Russland* den Weg bereiteten). Mit der vollständigen Slawisierung der skandinavischen Rus' ging die Personengruppenbezeichnung schließlich auch auf die ostslawische Bevölkerung über, sodass *Rus'* ab Ende des 10. Jahrhunderts als Ethnonym funktionierte, das die gesamte Einwohnerschaft einschließlich slawisierter Balten und Finno-Ugrier bezeichnete (und zur Ausgangsform für das moderne Ethnonym *Russe/russkij* werden konnte).

Ein entscheidender Faktor der herrschaftlichen Konsolidierung und ethnisch-sozialen Integration der Rus' war die Christianisierung. Sie erfolgte als offizielle Abwendung des Landes von einem bis dahin propagierten paganen Kult erst relativ spät. Dabei hatte es bereits seit dem späten 9. Jahrhundert byzantinische Missionsversuche gegeben, die freilich erst in den 940–950er-Jahren erkennbare Früchte trugen. Zu diesem Zeitpunkt ist für Kiew eine erste Kirche bezeugt, beeideten einzelne rus'ische Anführer Verträge mit christlichen Formeln und ließ sich die Kiewer Fürstin Olga in Konstantinopel persönlich taufen. Kurz darauf bat sie freilich im Westen, bei Kaiser Otto I., um Entsendung eines Missionsbischofs, was nicht nur von ihrem weiten Blick und Unabhängigkeitsstreben, sondern auch von einem noch unproblematischen Verhältnis zwischen den Kirchen des Ostens und Westens zeugte. Als der Trierer Mönch Adalbert, der spätere Erzbischof von Magdeburg, Ende 961 in der Rus' eintraf, hatte aber inzwischen Olgas Sohn Svjatoslav die Herrschaft übernommen, der ostentativ am paganen Kult festhielt. So blieben die Christen in Kiew einstweilen in der Minderzahl. Erst Olgas Enkel Vladimir entschied sich dann 987/988 für den offiziellen, ‹staatlichen› Glaubenswechsel. Dabei gab er der byzantinischen Kirche den Vorzug, weil ihm das politische Bündnis mit Kaiser Basileios II. den größten Vorteil – die Ehe mit einer purpurgeborenen byzantinischen Prinzessin – versprach. Tatsächlich gab der Kaiser, der im Kampf gegen die Bulgaren sowie Aufständische in Kleinasien auf die militärische Unterstützung des Kiewer Fürsten angewiesen war, Vladimir seine Schwester Anna zur Frau. Sobald sie mit einer Schar von Priestern, beladen mit kirchlichen Gerätschaften und liturgischen Texten in Kiew eingetroffen war, ließ dieser – wie die Chronik berichtet – die paganen Kultstätten zerstören und das Volk im Dnepr taufen.

Die Annahme des Christentums aus Konstantinopel war eine langfristig wirkende Weichenstellung. Sie hat das Kiewer Reich politisch eng an Byzanz herangeführt und die Ostslawen dauerhaft mit der orthodoxen Ostkirche verbunden. Beides hat die Politik und Kultur der Ostslawen nachhaltig geprägt. Dabei war von großer Bedeutung, dass die christlich-byzantinischen Texte den Ostslawen in der von Konstantin und Method entwickelten, auch den Ostslawen ohne Weiteres verständlichen slawischen Kirchensprache vermittelt werden konnten. Die sprachliche Nähe der Kirche zum Volk hat dessen Identifizierung mit den politischen Interessen des Kiewer Fürstentums zweifellos gefördert. Die Kiewer Kirche war mental und materiell jedenfalls erheblich enger an den Herrscher bzw. die politische Herrschaft gebunden als die lateinische Kirche bei den Přemysliden und Piasten. Das byzantinisch-ostkirchliche Verständnis von Religiosität und Kirche war stärker als jenes der römischen Kirche auf die *Symphonia*, auf das Zusammenwirken von Kirche und Herrschertum, orientiert. So entwickelte die orthodoxe Hierarchie keine Ambitionen, den profanen Lebensbereich durch eigene politische Machtbildungen aktiv mitzugestalten. Sie beschränkte ihre Ambitionen vielmehr darauf, das herrscherliche Handeln durch fromme Ermahnungen, Ratschläge und Lobpreisungen in der Regel wohlwollend zu begleiten.

Ungeachtet solcher Eigenarten hat die starke Ausrichtung auf die griechisch-orthodoxe Geisteswelt nicht zu einer Abkapselung der Rus' vom übrigen Europa oder zu einer völligen Absperrung gegenüber westlichen Einflüssen geführt. Es bestanden durchaus rege politische, wirtschaftliche und auch religiöse Kontakte zu Mittel-, West- und Nordeuropa. Diese manifestierten sich nicht zuletzt in zahlreichen dynastischen Eheverbindungen der Rjurikiden mit Vertretern europäischer Herrscherhäuser, die von Polen über Skandinavien nach Norddeutschland bis nach Frankreich und Ungarn reichten. Diese bewusst geknüpften Beziehungen zeigen des Weiteren, dass sich die Kiewer Herrschaftsbildung im 11. Jahrhundert als ein selbstverständlicher Teil der europäischen Welt betrachtet und auch von außen als solcher wahr- und ernst genommen wurde.

Beim Tod Vladimirs I. (1015) war die Kiewer Reichsgründung abgeschlossen. Doch wurden Integrität und Stärke der monarchischen Fürstenherrschaft auch hier sogleich durch Thronfolgekämpfe gefährdet. Andauernde innerdynastische Fehden zwischen Söhnen, Onkeln und Neffen blieben ein charakteristisches Merkmal und konnten auch durch noch so ausgeklügelte Nachfolgeordnungen nicht – oder allenfalls einmal vorübergehend – eingedämmt werden. Eine vor dem Tod Jaroslavs des Weisen (1054) erlassene Thronfolgeordnung verkomplizierte die Nachfolgeregelung gegenüber den böhmischen und polnischen Senioratsordnungen zusätzlich dadurch, dass sie nicht nur die Kiewer Fürstenherrschaft als Seniorat heraushob und jeweils dem Ältesten reservierte, sondern auch die übrigen regionalen Zentren bzw. Teilfürstentümer in eine hierarchische Erbrangfolge stellte. Dadurch drängten die einzelnen Mitglieder der Dynastie nicht nur sobald wie möglich auf den Kiewer Thron, sondern rotierten zusätzlich auch bei jedem Todesfall eines teilfürstlichen Herrschers von einem Teilfürstenthron auf den ranglich nächsthöheren. Die destabilisierende Wirkung dieses Verfahrens wurde auch dadurch nicht aufgehoben, dass solche Rotationen bald auf erfolgreiche Versuche stießen, die Erbfolge fest an den jeweiligen regionalen Rjurikidenzweig zu binden, also in eigenständigen Fürstentümern bzw. «Ländern» dynastische Nebenlinien zu etablieren. Auch diese unterlagen infolge fortgesetzter Erbteilungen weiterer Parzellierungen, sodass einzelne Teilfürstentümer seit dem 13. Jahrhundert bis auf den Status von Zwergherrschaften reduziert wurden.

Verwaltung und Zusammenhalt des Kiewer Reiches wurden aber nicht nur durch die zentrifugalen Kräfte der rjurikidischen Thronrotationen und Erbteilungen, sondern auch durch seine riesigen räumlichen Dimensionen erschwert. Seit der zweiten Hälfte des 11. Jahrhunderts trat mit den Polovcern zudem eine neue gefährliche Bedrohung von außen hinzu. Die Angriffe der aus der Steppe vorstoßenden Nomaden beförderten langfristig nicht nur eine Verlagerung der Siedlungsschwerpunkte und des politischen Zentrums aus dem Süden in den Nordosten. Sie führten in Gestalt der Mongoleneinfälle von 1237–1240 schließlich auch zum vollständigen Niedergang der Kiewer Rus', deren Hauptort bereits seit der zweiten Hälfte des 12. Jahrhunderts gegenüber den neuen Zentren ostslawischer Fürstenmacht in Suzdal' und Vladimir zusehends ins Hintertreffen geraten war.

Die Regionalisierung der Kiewer Rus' hat dem Gedanken an eine Reichseinheit nur noch gelegentlich und vorübergehend Raum geboten. Vladimir Monomach konnte ihm 1113–1125 letztmalig zu einem glanzvollen Durchbruch verhelfen. Seine eindrucksvolle Belehrung (*Poučenie*), eines der frühen weltlich-literarischen Denkmäler der Ostslawen, hat aber seine Söhne nicht davon abhalten können, anschließend doch wieder ganz in teilfürstlichen Partikularismus zu verfallen. Auch die weltlichen Großen, die Bojaren, die sich seit dem 11. Jahrhundert aus Angehörigen mobiler fürstlicher Gefolgschaftsverbände in ortsfeste, grundbesitzende Adelige zu verwandeln begannen, entwickelten nur noch ein regionales Bewusstsein. Sie saßen im Übrigen vorwiegend in den burgstädtischen Zentren der jeweiligen Fürstenherrschaften, die ihrerseits kaum ein eigenes städtisch-bürgerliches Bewusstsein ausbilden konnten, das auf seine Weise zum Träger eines wirkungsmächtigeren rus'ischmittelalterlichen ‹nationalen› Gedankens hätte werden können. Die in einem städtischen Repräsentativorgan (*veče*) verankerte Selbstständigkeit Nowgorods, das als autonome Stadtrepublik über ein eigenes riesiges Territorium verfügte, blieb ein Sonderfall. Auch er trug letztlich zur Vertiefung der eingetretenen regionalen Unterschiede bei. Diese sollten sich später nicht zuletzt in der weitergehenden Aufgliederung der Ostslawen in Groß-, Klein- und Weißrussen niederschlagen.

3. Südslawische Reiche zwischen Ungarn und Byzanz

Eine besondere Tendenz zur Regionalisierung zeichnete die Landschaften der Balkanhalbinsel aus. Deren naturräumliche Gegebenheiten haben von Anfang an abgeschlossen-kleinräumige Siedlungsstrukturen begünstigt, zentrifugalen Kräften Vorschub geleistet und der Etablierung großräumiger politischer Zusammenschlüsse immer wieder erhebliche Schwierigkeiten bereitet. Überdies war die geographisch zerklüftete Region zwischen Adriaküste und Schwarzem Meer, mittlerer und unterer Donau und Griechenland stets dem Druck mächtiger äußerer Kräfte ausgesetzt. Im 10. Jahrhundert traten der historischen, oströmischen Vormacht mit Ungarn und Venedig zwei neue, aufstrebende Mächte entgegen, die erfolgreich mit Byzanz um Einfluss und Vorherrschaft konkurrierten. Unter diesen Umständen haben die slawischen Siedlungsverbände, die sich im 6. bis 8. Jahrhundert auf dem Balkan niedergelassen hatten und in den Quellen seit dem 9./10. Jahrhundert als Kroaten und Serben in Erscheinung traten, nur mit Mühe zu

größeren Einheiten zusammenfinden und letztlich immer nur
vorübergehend eigenständige großräumige dynastische Herrschaften aufrichten können.

Bulgarische Reiche. Selbst die Bulgaren, die dank der spezifischen Symbiose von proto-bulgarischer Reiterelite und slawischer Mehrheitsbevölkerung erheblich früher ein «Erstes Bul-
garisches Reich» etablieren konnten, erlagen wiederholt dem
äußeren Gegner und büßten vorübergehend ihre politische
Selbstständigkeit ein. Im ersten Drittel des 10. Jahrhunderts
hatte Symeon freilich noch eine Blüte des Reiches herbeigeführt.
Der am Kaiserhof in Konstantinopel erzogene Sohn des Fürsten
Boris-Michael schlug mehrmals byzantinische Truppen, erhielt
913 aus der Hand des Patriarchen die Kaiserkrone (womit der
griechische Titel als *cesar*/*Zar* ins Slawische übertragen wurde)
und sah sich – auch wenn das Ziel einer Eroberung Konstantinopels unerreicht blieb – auf eine Stufe mit dem östlichen Rom
gestellt. Das hohe politische Selbstverständnis schlug sich in
einer intensiven Förderung von Kultur und Kirche nieder, die
für die slawisch-orthodoxe Kulturgeschichte insofern von be-
sonderer Bedeutung war, als sie – in den Werken bzw. Übersetzungen der in Bulgarien aufgenommenen, aus Mähren vertriebenen Schüler Konstantins und Methods – zur Etablierung
des Altkirchenslawischen als Literatursprache führte.

Nach Symeons Tod (927) folgten Jahrzehnte friedlicher Beziehungen zu Byzanz, in denen der äußere politische Status des
Bulgarischen Reiches aufrechterhalten werden konnte, gleichwohl erste Krisensymptome auftraten. Eine häretische Bewegung, das Bogumilentum, begann alles Materielle und jede
Form von Obrigkeit abzulehnen und stellte kirchliche Lehre
und politische Herrschaft gleichermaßen radikal in Frage. Trotz
Verfolgung breitete sich die Lehre der Bogumilen aus und
konnte erst im ausgehenden 14. Jahrhundert endgültig verdrängt werden. Dem sozialen und religiösen Protest traten neue
Gefährdungen von außen – ein Vordringen serbischer Kleinfürsten im Westen, Angriffe der Ungarn, Rus' und Pečenegen im
Norden und ein wachsender Widerstand der Byzantiner – zur

Seite. Im Innern schwächten separatistische Bewegungen bulgarischer Großer die Zentralmacht des Reiches, sodass der byzantinische Kaiser 971 mühelos dessen Hauptstadt Pliska erobern und Ostbulgarien Byzanz angliedern konnte. Nur innenpolitische Probleme des Byzantinischen Reiches erlaubten Samuil, dem Sohn eines Provinzstatthalters, der sich um 978 in internen Thronkämpfen durchgesetzt und in Ochrid zum Zaren hatte krönen lassen, noch für einige Jahrzehnte eine unabhängige Herrschaft. Dieser bereitete Basileios II., der das Byzantinische Reich nach innen und außen erneut festigen konnte, in mehreren Feldzügen bis 1014 ein Ende. Vier Jahre später wurde das «Erste Bulgarische Reich» schließlich als selbstständiges politisches Gebilde aufgelöst und in eine byzantinische Provinz umgewandelt.

Es folgten über 150 Jahre Fremdherrschaft, die die Bulgaren einer strengen byzantinischen Verwaltung und partiellen Hellenisierung unterwarfen, gleichwohl die ‹nationale›, bulgarische Identität ihrer Eliten nicht aufzuheben vermochte. Zum einen behaupteten einzelne Familien bzw. Verbände in von ihnen kontrollierten Territorien eine gewisse Selbstständigkeit, aus der heraus es immer wieder zu regionalen anti-byzantinischen Aufständen kam. Zum anderen blieb die – trotz Herabstufung des bulgarischen Patriarchen zum Erzbischof von Ochrid – autokephal gebliebene bulgarische Kirche eine produktive Pflegestätte der altkirchenslawisch-bulgarischen Kultur und Sprache, die entscheidend zur Aufrechterhaltung eines bulgarischen ‹nationalen› Selbstverständnisses beigetragen haben.

Dies und die Erinnerung an die einstige politische Größe konnte in den 1180–90er Jahren, als eine erneute Schwächephase des Byzantinischen Reiches dazu den Freiraum bot, dann auch relativ rasch in eine erneute ‹staatliche› Verselbstständigung münden. Dass die Begründer des «Zweiten Bulgarischen Reiches», die Brüder Petăr, Asen und Kalojan, walachische Große waren, also einem halb-romanisierten dakischen Hirtenvolk entstammten, führt auch im bulgarischen Fall vor Augen, dass mittelalterliche ‹nationale› Identität nicht in erster Linie ethnisch definiert, sondern vor allem Ausdruck eines besonderen politisch-sozialen Anspruchs der politischen Eliten war; die breite Masse der Bevölkerung hat ein solches ‹nationales› Bewusstsein kaum erreicht.

Schon in der zweiten Generation der neuen Dynastie der Aseniden kam es zu den üblichen Thronfolgekonflikten; gleichzeitig verfolgten einzelne Große, die sich als Boljaren zunehmend zu einem selbstbewussten Stand formierten, von ihren gut gesicherten Burgen aus ihre partikularen Interessen. Dennoch gelang es Asen II. in den 1220–30er-Jahren, das Reich nicht nur zusammenzuhalten, sondern territorial so auszudehnen, dass es von der Ägäis bis zum Schwarzen Meer seine größte Ausdehnung erreichte und sich Asen selbst «Kaiser der Bulgaren und Griechen» nennen konnte. Nach seinem Tod (1241) traten die rivalisierenden Interessen der Boljaren erneut in den Vordergrund. Sie nahmen in den Zeiten der inneren Wirren und äußeren Bedrohungen – seit 1242/43 kamen Überfälle der Mongolen/Tataren hinzu – immer größeren Einfluss auf die Besetzung des Thrones; 1280 und 1323 installierten sie mit ihrer Zarenwahl jeweils auch eine neue Dynastie. Auch das konnte den Verfall des «Zweiten Bulgarischen Reiches» nicht aufhalten; in den 1380–90er-Jahren hatte es der osmanischen Eroberung nichts mehr entgegenzusetzen und verschwand von der Landkarte.

Serbien. Ein entscheidender Faktor dieses Niedergangs war bereits jene vernichtende Niederlage, die die Bulgaren 1330 im Kampf mit ihren serbischen Nachbarn erlitten. Bei den Serben hatte sich, trotz ihrer bereits im 9. Jahrhundert von Byzanz und Bulgarien aus erfolgten Christianisierung, noch im 10. Jahrhundert kein größeres politisches Gebilde formieren können. Erst im 11. Jahrhundert gelang in der sogenannten Zeta (dem heutigen Montenegro und Nordalbanien) unter Einbeziehung romanischer Küstenbevölkerung eine erste großräumige Zusammenführung serbischer ‹Stämme›, für die Stefan Vojislav 1035 die Unabhängigkeit von Byzanz durchsetzen konnte. Sein Nachfolger Michael ging ein Bündnis mit dem Papst ein und erhielt 1077 als *rex sclavorum* von Gregor VII. die Königskrone, die er seinem Sohn Konstantin Bodin vererben konnte. Dieser schloss dem *regnum* mit Bosnien und der sogenannten Raška (dem heutigen südwestlichen Serbien) weitere serbisch besiedelte Gebiete an. Überdies gelang ihm mit der Errichtung eines lateinischen Erzbistums in Bar (1089) die kirchliche Verselbstständigung seines Reiches. Der erfolgversprechende Versuch, die Serben von der Adriaküste her in Allianz mit der lateinisch-römischen Kirche zu einen, scheiterte dann aber bereits nach Konstantin Bodins Tod (um 1102) infolge von Thronfolgekonflikten und äußeren Drucks. Zunächst gingen die zuvor eroberten Gebiete wieder verloren, dann wurde 1186 die Zeta ihrerseits von der konkurrierenden serbischen Herrschaftsbildung der Nemanjiden erobert.

Stefan Nemanja, der Begründer der Dynastie der Nemanjiden, hatte die serbischen Verbände der Raška um 1170 unter seiner Herrschaft als Župan geeint und in den 1180er-Jahren mithilfe der Ungarn und kreuzfahrenden Staufer aus byzantinischer Abhängigkeit gelöst. Sein Sohn Stefan wandte sich politisch Venedig und Rom zu und wurde 1217 zum König gekrönt. Neben der politischen setzte er auch die kirchliche Unabhängigkeit durch, indem er den Patriarchen von Konstantinopel dafür gewann, ein serbisches, unmittelbar dem Patriarchen unterstelltes Erzbistum einzurichten und eine eigenständige serbisch-orthodoxe Kirche zu begründen. Der in einem Friedensschluss mit Byzanz 1191 bekräftigten politischen Anerkennung folgte im 13. Jahrhundert ein machtpolitischer Aufstieg, der wirtschaftlich durch einen florierenden Silber- und Erzbergbau befördert wurde, und zur sukzessiven Eingliederung Bosniens, des nördlichen Makedoniens sowie des Banats von Braničevo und Kučevo (nördliches Zentralserbien) führte. Damit stieg das serbische Reich der Nemanjiden zu einem mächtigen Rivalen des «Zweiten Bulgarischen Reiches» auf, mit dem es dann Ende Juli 1330 auch in einer entscheidenden Schlacht zusammenstieß. Mit dem Sieg über die Bulgaren setzte sich Serbien als neue Vormacht auf dem Balkan durch. Unter Stefan IV. Dušan, der sich 1346 von einem eigenen, im gleichen Jahr installierten serbischen Patriarchen zum «Kaiser/Zaren der Serben und Griechen» krönen ließ, erreichte das Reich den Höhepunkt seiner Machtentfaltung. Es erstreckte sich im Norden bis an die Drina und Donau, im Westen bis an die dalmatinische Küste, im Süden bis nach Mittelgriechenland und war weniger ein slawisch-serbisches als ein multiethnisches (slawisch-romanisch-albanisch-griechisches) Reich. In der herrschaftslegitimierenden Geschichts- und Kulturpolitik der Nemanjiden spielte das «Slawische» denn auch kaum eine Rolle. Vielmehr profilierten sie ihren Herrschaftsanspruch in einem religiös geprägten Herrscherkult, der die Legitimität der Dynastie über die Heiligsprechung ihrer herausragenden Vertreter und eine intensive Stiftertätigkeit eng an die serbisch-orthodoxe Kirche band (ohne dabei der katholischen Bevölkerung der Küstenregion ihre Rechte zu beschneiden).

Schon unter Stefan Dušans Erben verfiel das Reich wieder in innere Rivalitäten und löste sich nach dem Aussterben der Nemanjiden-Dynastie (1371) in selbstständige, von regionalen Fürstengeschlechtern geführte Territorialherrschaften auf. Den Zerfall des serbischen Reiches nutzten bosnische Regionalherrscher, die zuvor unter ungarischer Oberherrschaft standen, vorübergehend zu eigener Machtentfaltung. Wie die Krönung des Bosniers Tvrtko zum «König von Serbien, Bosnien und des Küstenlandes» 1377 zeigte, ging damit der Versuch einer erneuten serbischen Großreichsbildung einher. Doch auch dieser Versuch konnte den weiteren Zerfall des mittelalterlichen Serbien nicht aufhalten. Am Ende des 14. Jahrhunderts standen die serbischen Kleinterritorien dem Angriff der Osmanen machtlos gegenüber, verloren die Serben in den Schlachten an der Marica und auf dem Amselfeld ihre mittelalterliche Selbstständigkeit.

Kroatien. Die Kroaten hatten ihre politische Unabhängigkeit bereits knapp zwei Jahrhunderte zuvor verloren. Ihre Siedlungsverbände waren im Verlauf des 9. Jahrhunderts vom Binnenland zwischen Save und Drau (Slawonien) aus nach und nach in einer großräumigen Fürstenherrschaft zusammengeführt und von den dalmatinischen Küstenstädten aus, vornehmlich unter westkirchlichem Einfluss, christianisiert worden; 864 war in Nin das erste, unmittelbar dem Papst unterstellte kroatische Bistum

entstanden. Der Prozess der politischen Emanzipation aus frän-
kischer und byzantinischer Vorherrschaft zog sich bis ins
10. Jahrhundert hin. Er fand in den 920er-Jahren mit der Erhebung des Fürsten Tomislav zum König, der Errichtung einer eigenen, römisch-katholischen Kirchenprovinz (Erzbistum Split)
und der anschließenden territorialen Expansion bis nach Pannonien, Istrien und Bosnien einen markanten Abschluss. Bis in
die zweite Hälfte des 10. Jahrhunderts wahrte das kroatische
Königreich seine Machtstellung, sah sich aber bereits um 1000
mit dem erfolgreichen Vordringen Venedigs konfrontiert. Während die dalmatinischen Küstenstädte an die aufsteigende Lagu-
nenstadt verloren gingen, begann das gerade zum Königreich
erhobene Ungarn die kroatischen Möglichkeiten von Pannonien aus zu beschneiden. Beiden Mächten kamen innerkroatische Rivalitäten entgegen, die die Königsherrschaft nach der
Mitte des 11. Jahrhunderts entscheidend schwächten und im
Jahr 1075 einen Mann auf den Königsthron brachten, der als
Amtsträger in Slawonien engste Verbindungen zu Ungarn unterhielt. Demetrius Zvonimir war am ungarischen Hof aufge-
wachsen und mit einer Tochter des ungarischen Königs Béla I.
verheiratet. Daraus leitete Bélas Sohn Ladislaus I. nach dem
Tod seines Schwagers (1089) einen Anspruch auf die kroatische
Krone ab, um die sogleich erneut heftige innerkroatische
Kämpfe entbrannt waren. Die ungarischen Ansprüche konnten
erst durch militärische Interventionen realisiert werden. Binnen
eines Jahrzehnts eroberte der ungarische König nach und nach
das gesamte Land (die dalmatinischen Städte konnten Venedig
nur vorübergehend abgenommen werden), brach letzte Widerstände und ließ sich 1102 zum kroatischen König krönen. Damit war eine Personalunion etabliert, die Kroatien bis 1918 fest
an Ungarn band.

Ungeachtet der Integration in die ungarische Krone wahrte
das mittelalterliche Kroatien eine relative Unabhängigkeit. Unter der Herrschaft eines königlichen Statthalters entfalteten
kroatische Adelsfamilien ihre lokale Macht, vertraten ihre Interessen in einem eigenen kroatischen Landtag und gestalteten ein
eigenes Steuer-, Münz- und Heerwesen. Auch im rechtlichen

und kulturellen Bereich behaupteten sie ihre Eigenständigkeit, sodass sich das ‹nationale› Bewusstsein der Eliten nicht nur aus der Erinnerung an das verlorene Königtum speisen musste. Dabei haben Besonderheiten der kulturellen Entwicklung wie das glagolitisch-römischkirchliche Schrifttum und eine vergleichsweise reiche Überlieferung an lateinischen und kroatischen, in drei Schriftsystemen (Lateinisch, Glagolitisch, Kyrillisch) ausgeführten Steininschriften die Erinnerung an die mittelalterliche Eigenstaatlichkeit und die Aufrechterhaltung einer kroatischen Identität zweifellos gefördert. Aus dem Glagolitischen, das in anderen Zusammenhängen später für die Konstruktion einer übergreifenden slawischen Identität in Anspruch genommen wurde, haben die mittelalterlichen kroatischen Eliten jedoch keinen besonderen slawischen Charakter ihres Landes abgeleitet. Das «Slawische» hat für sie, deren Name im Übrigen nicht slawisch ist und einst wohl aus einem awarischen Amtstitel abgeleitet wurde, wie für die anderen mittelalterlichen slawischsprachigen *nationes* keine besondere Rolle gespielt.

IV. Die mittelalterliche deutsch-slawische Kontaktzone

1. Die Elbslawen

Seit dem 7. Jahrhundert siedelten Slawen zwischen südlichem Ostseeufer und Erzgebirge, zwischen Oder und Elbe/Saale. Im 8. und 9. Jahrhundert drangen sie stellenweise über Letztere hinaus bis in sächsisches Siedlungsgebiet vor. Diese Slawen haben nie eine politische oder kulturelle Einheit gebildet, auch keinen gemeinsamen Namen geführt. Wenn die moderne Forschung sie zusammenfassend als Elbslawen bezeichnet, so verkürzt sie ähnlich pragmatisch wie das deutsch-volkssprachliche Mittelalter, das in seinem ungenauen Außenblick die slawische Vielfalt zwischen Elbe und Oder (im Rückgriff auf das antike *Veneter*) pauschal mit dem Begriff *Wenden* zu erfassen versuchte.

Aus dieser Vielfalt stachen seit dem 9., frühen 10. Jahrhundert mehrere Kernräume und slawische Großgruppen heraus. Im Norden etablierten sich im heutigen Ostholstein und westlichen Mecklenburg die Abodriten. Sie scheinen die älteren Wilzen verdrängt zu haben, waren in mehrere Teilstämme untergliedert und besaßen in den Burgen Starigard/Oldenburg und Mecklenburg ihre wichtigsten Zentren. Im östlichen Mecklenburg behaupteten sich die Redarier, die 983 mit ihrer Tempelburg Riedegost/Rethra die Führungsrolle im sogenannten Lutizenbund übernahmen. Diesem schlossen sich auch die im heutigen Vorpommern siedelnden Zirzipanen, Kessiner und Tollenser an. Auf Rügen und dem angrenzenden Festland saßen die Ranen, die ihre zentrale Kultstätte in Arkona unterhielten. Sie waren bis zu ihrer Unterwerfung durch die Dänen (1168) zwar eine gefürchtete Seemacht, kannten aber angesichts einer dominanten Priesterschaft keine ausgeprägte Fürstenherrschaft. Im Havelland und in der Mittelmark waren die Heveller, die sich selbst Stodoranen nannten, mit ihrer Burg Brandenburg die entscheidende Kraft, während westlich der mittleren Oder die Ukranen weniger in Erscheinung traten. Im Süden, im heutigen Sachsen, erwiesen sich die Daleminzer und Milzener, in der Lausitz die Lusitzer als die führenden sorbischen Teilstämme.

Diese elbslawischen Großgruppen gerieten seit den ausgehenden 920er-Jahren in den Sog einer aggressiven sächsischen Eroberungspolitik. In mehreren Feldzügen zwang ihnen Heinrich I. eine Oberhoheit auf, die sein Sohn Otto I. ab 936 systematisch zu festigen suchte. Dazu installierte er in den eroberten Gebieten sächsische Große als Markgrafen, durchsetzte die Markgrafschaften mit sogenannten Burgwarden, die eine bessere Kontrolle und Tributerhebung ermöglichten, und verband die politische Unterwerfung mit der christlichen Mission. Als deren Stützpunkte wurden 948 die Bistümer Brandenburg und Havelberg begründet und 968 das Erzbistum Magdeburg mit Suffraganbistümern in Merseburg, Zeitz und Meißen sowie – von Bremen-Hamburg aus – ein Bistum im wagrischen Oldenburg errichtet. Zu Beginn der 970er-Jahre war die militärisch-administrative Eingliederung der Elbslawen in das Ottonenreich scheinbar erfolgreich abgeschlossen.

Seither nahm das Schicksal der Elbslawen eine zweigeteilte Entwicklung. Der sorbische Süden verlor tatsächlich auf Dauer seine Eigenständigkeit. Er wurde nachhaltig seiner indigenen Elite beraubt, fest in die sächsischen Herrschaftsstrukturen integriert und beteiligte sich nicht an den Aufstandsbewegungen des elbslawischen Nordens. Dort gelang es den Slawen bis ins 12. Jahrhundert hingegen wiederholt, sich zeitweise aus der Fremdherrschaft zu lösen bzw. in einer geregelten Abhängigkeit ein so hohes Maß an Autonomie zu behaupten, dass die angestammten Fürstenrechte bewahrt (Heveller), vorübergehend eine großräumige dynastische Herrschaft aufgerichtet (Abodriten) oder eine gentilreligiöse Elitenherrschaft (Lutizen) etabliert werden konnten.

Bei den Abodriten rivalisierten zunächst die fürstlichen Anführer zweier Teilstämme – der Wagrier und der Abodriten im engeren Sinn – um die Durchsetzung einer übergreifenden Fürstenherrschaft. Am Ende setzten sich Letztere durch. Ihr Fürst Nakon wurde von Ibrahim ibn Jakub in den 960er-Jahren auf eine Stufe mit den Fürsten der Böhmen, Polen und Bulgaren gestellt. Im Schatten sächsischer und dänischer Vormachtansprüche vermochten die Nakoniden bis in die späten 1120er-Jahre ihre autonome Stellung zu behaupten. Als getaufte Fürsten bemühten sie sich um die Förderung des Christentums und den Aufbau einer Kirchenorganisation, mussten aber wiederholt (983, 1018) gentilreligiöse Rückschläge hinnehmen. Noch 1066 zahlte der in einem Lüneburger Kloster erzogene Gottschalk sein christliches Engagement mit dem Leben, wurden die von ihm in Kooperation mit dem Erzbischof von Bremen-Hamburg gegründeten Bistümer Ratzeburg und Mecklenburg, seine Kirchen- und Klosterstiftungen Opfer einer erneuten heidnisch-lutizischen Reaktion. Erst Gottschalks jüngerer Sohn Heinrich konnte in den 1090er-Jahren mit Unterstützung der Dänen und Sachsen die christliche Fürstenherrschaft restaurieren. Er dehnte den abodritischen Einflussbereich zeitweise bis zu den Hevellern und Ranen aus, führte am Ende sogar den Königstitel und erhob das Abodritenreich zu seiner Blüte – u.a. durch die Verlegung seines Hauptsitzes aus der Mecklenburg in das von seinem Vater an der Stelle eines älteren slawischen Burgwalls gegründete Alt-Lübeck, das sich rasch zu einer wichtigen Gewerbe- und Kaufmannssiedlung entwickelte. Von einer offensiven Durchsetzung des Christentums sah Heinrich ab, setzte vielmehr auf eine friedliche Koexistenz mit der gentilreligiösen Elite und entsprechende Kompromisse. Seine Ermordung (1127) und die seiner beiden Söhne wenig später mag dennoch eine Reaktion auf Versuche einer Stärkung christlicher Strukturen gewesen sein. Nach Heinrichs Tod fand das autonome slawische Abodritenreich sein Ende, setzte seine Transformation in deutsches Territorialfürstenland (Ostholstein, Mecklenburg) ein.

Nur wenig später erlebte das Hevellerreich eine ähnliche Transformation. Auch bei den Hevellern war seit dem frühen 10. Jahrhundert eine dominierende Fürstenfamilie hervorgetreten, die über prominente dynastisch-politische Verbindungen verfügte. Eine hevellische Fürstentochter wurde mit dem böhmischen Herzog Vratislav I. verheiratet, eine andere gebar Otto I. einen illegitimen Sohn, der später Erzbischof von Mainz wurde. Solchen Verbindungen mag es mit zu verdanken gewesen sein, dass dem hevellischen Fürstengeschlecht die Fürstenwürde belassen wurde und es auch nach der sächsisch-ottonischen Eroberung weiterhin eine regionale Herrschaft ausüben konnte. Diese war von einem Nebeneinander christlicher und gentilreligiöser Strukturen geprägt und ging erst um die Mitte des 12. Jahrhunderts an das sächsische Grafengeschlecht der Askanier über. Der erbenlose Hevellerfürst Pribislav-Heinrich hatte den Grafen der Nordmark, Albrecht den Bären, in den 1140er-Jahren zu seinem Nachfolger bestimmt. Als er 1150 starb, leitete Albrecht die Umwandlung bzw. Integration des slawischen Hevellerreiches in die entstehende askanisch-deutsche Mark Brandenburg ein.

Blieben die teilautonomen Fürstenherrschaften der Abodriten und Heveller stets unter einer lockeren markgräflichen Kontrolle des Reiches, so warf der Lutizenbund die sächsische

Fremdherrschaft vorübergehend vollständig ab. Die Lutizen, die ‹Menschen des wilden Gottes› (*l'utyi bog*), waren eine militärisch schlagkräftige Gemeinschaft von Kriegern, die sich zu Beginn der 980er-Jahre formierte. Sie schweißte die slawischen Kleinstämme im östlichen Mecklenburg und Vorpommern zu einer politischen Föderation zusammen, die sich 983 in einem mächtigen Aufstand sowohl gegen die politischen und kirchlichen Strukturen der sächsischen Expansion wie gegen die eigenen Fürstenherrschaften erhob. Mit ihren militärischen Erfolgen – völlig überraschend eroberten sie die Bischofssitze Havelberg und Brandenburg – zogen sie auch große Teile der abodritischen und hevellischen Bevölkerung in ihren Bann. Die dortigen Fürstenherrschaften hatten alle Mühe, sich mit Kompromissen der lutizischen Überwältigung zu erwehren. Dies umso mehr als die paganen Aufrührer kurz nach der Jahrtausendwende durch ein Bündnis mit Heinrich II. eine mächtige Aufwertung erfuhren. Der Kaiser hatte sich zum Leidwesen seiner christlichen Zeitgenossen auf die Lutizen als Verbündete gegen den Polenherzog Bolesław Chrobry eingelassen, als dieser in die elbslawischen Marken Meißen und Lausitz zu expandieren versuchte.

Die Waffenbrüderschaft musste die lutizische Herrschaft weiter festigen. Diese wurde als eine Art Kollektivherrschaft der burgherrlichen Elite (*proceres*) ausgeübt, die gleichwohl auf eine Volksversammlung und vor allem die Weissagungen ihrer Priesterschaft hörte. Tatsächlich war der Lutizenbund nicht zuletzt eine Kultgemeinschaft, der es in erster Linie um die Bewahrung ihrer gentilreligiösen Lebensformen ging. Ihr identitätsstiftendes Zentrum war die Tempelburg Riedegost/Rethra, in der mit Svarožic ein Hauptgott, zugleich aber auch die Regionalgötter der beteiligten Einzelstämme verehrt wurden. Die Vielfalt der elbslawischen Götterkulte wurde jedenfalls, wie der Chronist Thietmar von Merseburg zu Beginn des 11. Jahrhunderts beobachtete, nicht eingeschränkt, «denn so viele Stammesgebiete es in diesen Gegenden gibt, so viele Tempel werden unterhalten, so viele einzelne Götzenstatuen werden von den Ungläubigen verehrt».

Als ein von lokalen und regionalen Gruppeninteressen getragener, restaurativer Widerstandsverband vermochte der Lutizenbund letztlich keine dauerhaft-konstruktive Wirkung zu entfalten. Wiederholte Feldzüge der Sachsen, Polen und Pomoranen, bei denen die Greifen seit dem zweiten Drittel des 11. Jahrhunderts eine eigenständige regionale Herrschaft aufzurichten begannen, setzten ihn von außen zunehmend unter Druck. Wachsende innere Konflikte, so ein 1057 ausbrechender Kampf zwischen den Kessinern und Zirzipanen auf der einen, den Tollensern und Redariern auf der anderen Seite, beschleunigten den Verfall. Schon 1067/68 gelang einem Heer des Bischofs von Halberstadt die Zerstörung der Tempelanlage von Riedegost, während die westlichen und östlichen Teile des Lutizengebietes unter abodritische und pomoranische Herrschaft gerieten. Zurückgedrängt auf das Gebiet der Redarier und Tollenser erstarrte der antichristliche und antifürstliche Bund in weitgehender Inaktivität, ehe er im Verlauf des 12. Jahrhunderts ganz von der Bildfläche verschwand.

Das endgültige Ende der eigenständigen politischen Entwicklung der Elbslawen kam mit dem sogenannten Wendenkreuzzug des Jahres 1147. Das auf Betreiben der sächsischen Großen im weiteren Kontext der abendländischen Kreuzzugsbewegung initiierte militärische Unternehmen diente vordergründig der Heidenmission. In Wirklichkeit war es ein großangelegter Eroberungsfeldzug, in dem alle möglichen weltlichen und geistlichen Herren des Reiches Ansprüche auf Herrschaft und Besitz über elbslawische Länder und Menschen erhoben. Die mächtigen Anführer der Bewegung, Heinrich der Löwe und Albrecht der Bär, erklärten die fraglichen Gebiete allerdings sogleich zu welfischem bzw. askanischem Land und setzten deren Eingliederung in ihre Herrschaftsstrukturen in Gang. Daher sorgten sie auch dafür, dass der Kreuzzug nicht zu einem Vernichtungsfeldzug geriet. Solchen Machtdemonstrationen hatten die geschwächten elbslawischen Stämme nicht mehr viel entgegenzusetzen, zumal sie auch von Seiten der Pomoranen (Vorpommern), Dänen (Rügen) und Polen (Lebus, Köpenick) unter Druck gerieten. So fanden sie sich entweder (in Holstein, an der unteren

Elbe, in Brandenburg) unter direkter deutscher Herrschaft oder (in Mecklenburg, Vorpommern, Rügen) unter einheimischen slawischen Fürsten wieder, die sich vollständig der sächsischen oder dänischen Oberhoheit unterwerfen mussten. Die in Mecklenburg, Werle und den sich aufsplitternden vorpommerschen Territorien, zu denen nach Aussterben der rügischen Fürsten (1325) auch Rügen zählte, fortbestehenden slawischen Fürstendynastien gingen dann allerdings rasch im deutschen Reichsfürstenstand bzw. Hochadel auf.

2. Landesausbau und Germania Slavica

Die Integration der elbslawischen Landschaften in die Territorialherrschaften der Welfen, Askanier und Wettiner (Letztere hatten inzwischen die sorbischen Marken zusammengeführt) und ihre Verwaltung durch sächsische und slawische Lehnsleute leitete in der deutsch-slawischen Kontaktzone eine neue Entwicklungsphase ein. Diese war bestimmt durch den sogenannten Landesausbau (*melioratio/aedificatio terrae*), eine intensive Zuwanderung nichtslawischer, in erster Linie deutschsprachiger Siedler und die anschließende Verschmelzung der Zuwanderer mit der autochthonen slawischen Bevölkerung zu neuen soziokulturellen Einheiten, den sogenannten Neustämmen der Mecklenburger, Brandenburger, Pommern und (Neu)Sachsen.

Die neuen Territorialherren begnügten sich nicht mit einer bloßen militärisch-administrativen Sicherung ihrer Erwerbungen, mit der Errichtung von Grafschaften, Vogteien, Abgaben- und Steuerbezirken. Sie waren von Anfang an darum bemüht, ihre Herrschaft auch durch den Ausbau von Siedlung und Wirtschaft zu festigen. So leiteten sie Maßnahmen zur Verbesserung der ökonomischen, rechtlichen und sozialen Strukturen ein. Dabei konnten sie an einen bereits von den Elbslawen selbst in Gang gesetzten Landesausbau anknüpfen, der seit dem 11. Jahrhundert gebietsweise zu Erweiterungen des bewirtschafteten Landes, einer Intensivierung der Agrarwirtschaft und zur Etablierung frühstädtischer Wirtschaftszentren geführt hatte. Doch haben erst die von den neuen Landesherren initiierten und von ihren deutschen und slawischen Gefolgsleuten realisierten Modernisierungsmaßnahmen zu einem völligen Strukturwandel, zu gänzlich neuen Siedlungsarten, Wirtschaftsweisen, Rechts- und Sozialformen geführt. Damit wurde nicht nur die ältere elbslawische Lebensweise nahezu vollständig verdrängt, sondern auch das Leben der nichtslawischen Zuwanderer grundlegend transformiert.

Letztere waren vereinzelt bereits im frühen 12. Jahrhundert (z. B. von dem slawischstämmigen Markgrafen Wiprecht von Groitzsch für einen Landesausbau an Mulde und Elster) angesprochen, systematisch und in großer Zahl aber erst seit Mitte des Jahrhunderts herbeigerufen worden. Um 1143 appellierte, wie der Zeitgenosse Helmold von Bosau in seiner «Slawenchronik» berichtet, Graf Adolf II. nicht nur an die unmittelbar benachbarten Holsten und Stormarn, das unterworfene «Land der Slawen» (das abodritische Wagrien) «in Besitz zu nehmen», sondern «schickte Boten in alle Lande, nämlich nach Flandern und Holland, Utrecht, Westfalen und Friesland, dass jeder, der zu wenig Land hätte, mit seiner Familie kommen sollte, um den schönsten, geräumigsten, fruchtbarsten, an Fisch und Fleisch überreichen Acker nebst günstigen Weidegründen zu erhalten». Auch Albrecht der Bär sandte 1159/60 «nach Utrecht und den Rheingegenden, ferner zu denen, die am Ozean wohnen und unter der Gewalt des Meeres zu leiden hatten, den Holländern, Seeländern und Flamen» und «zog von dort viel Volk herbei und ließ sie in den Burgen und Dörfern der Slawen wohnen». Im sorbischen Süden kamen die Zuwanderer, über deren Herkunftsgebiete neben Schriftquellen auch Ortsnamen und archäologische Befunde (Hausformen, Keramik) Auskunft geben, dagegen in erster Linie aus Thüringen und Franken.

Es waren nicht nur die drückenden Folgen einer rasanten demographischen und sozio-ökonomischen Entwicklung oder von Naturkatastrophen, die Menschen im Westen hoffen ließen, im slawischen Osten ein neues, erfolgreicheres Leben führen zu können. Neben Abenteuerlust und Wagemut motivierten auch extrem günstige Ansiedlungsbedingungen. Die im Auftrag der Landesherren, bald auch für geistliche und weltliche Grundherren tätigen Siedlungsunternehmer (Lokatoren), die den Ansiedlungsprozess mit ihrem technischen Knowhow konkret organisierten und mit ihren (tatsächlich große Gewinne abwerfenden) Investitionen auch finanzierten, konnten den Zuwanderern schließlich nicht nur Land zu freiem und erblichem Besitz – zumeist im Umfang von einer fränkischen (= 24 ha) oder flämischen (= 16,8 ha) Hufe – sowie den Wegfall ungeregelter Abgaben- und Fronlasten versprechen. Sie konnten auch mit der Gewährung persönlicher Freiheit und dem Recht autonomer Selbstverwaltung, kurz mit einer Ansiedlung zu «deutschem Recht» locken.

Die durch die Zuwanderung ermöglichte Neusiedlung knüpfte in einer ersten Phase des Landesausbaus zumeist an die slawische Vorbesiedlung an und wies noch eher bescheidene Siedlungsformen auf. Das zeigt, dass die Zuwanderer das im Laufe des 13. Jahrhunderts hervortretende Siedlungs- und Wirtschaftsmodell des ostelbischen Landesausbaus nicht schon fix und fertig aus dem Westen mitgebracht, sondern erst vor Ort und unter den Bedingungen des Neusiedellandes vollständig ausgebildet haben. Das geschah unter Einbeziehung und aktiver Beteiligung der autochthonen slawischen Bevölkerung, die wohl nur in einzelnen Gebieten und ausnahmsweise von den Zuwanderern gewaltsam ver- bzw. auf weniger fruchtbare Böden abgedrängt worden ist. In der Regel hat die sozial bereits stark differenzierte slawische Gesellschaft die von den Zuwanderern aus dem Westen mitgebrachten agrartechnischen Innovationen (wie Dreifelderwirtschaft, Wendepflug, Wind- bzw. Wassermühle) und neuen Siedlungsformen (geregelte Dorf- und Gehöftformen, Hufenverfassung und Flurvermessung) aufgegriffen und aktiv dazu beigetragen, diese weiter auszuformen. Selbst da, wo die natürlichen Bedingungen der bisherigen Siedelplätze die Beibehaltung der älteren Wirtschafts- und Siedlungsweisen nahelegten, erfuhren diese eine gewisse Umwandlung.

Insgesamt blieb das Festhalten an den älteren Verhältnissen aber die Ausnahme. Vielmehr kam es in einer zweiten Phase des Landesausbaues nicht nur zum Siedlungsumbau an bisherigen Standorten, sondern auch zu einer massenhaften (auch von steigenden Gewässer- und Grundwasserspiegeln verursachten) Aufgabe der älteren gewässernahen slawischen Kleinsiedlungen und ihrer Verlegung bzw. Konzentration an Standorten, die für die neuen Wirtschaftsweisen günstiger waren. Gleichzeitig wurden in größeren, planvollen Rodungs- und Aufsiedlungsaktionen weite, bisher ungenutzte Wald- und Ödlandgebiete gänzlich neu erschlossen. Dazu bauten die Landesherren nicht nur auf das Engagement deutscher und slawischer Siedlungsunternehmer, Adliger und Grundherren, die sich in den Neugründungen ihre Rittersitze schufen, sondern setzten auch die neuen Orden der Zisterzienser und Prämonstratenser ein, deren Klostergründungen ein wichtiges Instrument des Landesausbaus wurden.

Die im Altsiedelland um- oder auf Rodungsgebiet neugegründeten Siedlungen stellten planvoll angelegte Anger-, Straßen- oder Platzdörfer, in den südlichen Gebirgslagen auch Waldhufendörfer dar, deren Gemarkungen bzw. Fluren systematisch vermessen und in gleich große Hufen eingeteilt waren. Damit waren sie nicht nur auf die moderne Dreifelderwirtschaft ausgerichtet, die gegenüber der älteren Feld-Gras-Wechselwirtschaft eine deutlich höhere Getreideproduktion ermöglichte, sondern gewährleisteten auch eine effizientere und gerechtere, weil am exakt vermessenen Umfang des bearbeiteten Bodens orientierte Abgaben- und Steuererhebung. Zugleich bildeten die nach «deutschem Recht» organisierten Dörfer einen eigenen Rechtsverband, der die Ausübung einer dörflichen Selbstverwaltung und Niedergerichtsbarkeit gewährleistete. Das neue, bald flächendeckende Netz der Dörfer wurde zugleich zu einem Netz von Kirchspielen, sodass der Landesausbau eng mit dem Ausbau der Kirchenorganisation und einer nunmehr nachhaltigen Verchristlichung der slawischen Bevölkerung einherging.

Nach ihrer Siedelform, Wirtschaftsweise, ihren Sozial- und Rechtsverhältnissen waren slawische, deutsche und niederländisch-flämische Siedlungen am Ende nicht mehr zu unterscheiden. In welchem Maße und wie lange sie sich dagegen in ethnischer Hinsicht klar voneinander abgegrenzt haben, ist nicht einfach zu erkennen. Die schriftlichen Quellen bieten hierzu kaum explizite Hinweise, auch wenn sie gelegentlich expressis verbis von slawischen Dörfern (*villae slavicae*) sprechen; auch Ortsnamen und Bodenfunde erlauben nicht immer eindeutige Interpretationen. Das Neben- und Miteinander slawischer und deutscher Siedlung fiel regional zweifellos ganz unterschiedlich aus. Es gab Regionen, in denen sich slawische und deutsche Dörfer in räumlich getrennten Ballungen gegenüberstanden, und solche, in denen sie in verschiedenster Form im Gemenge lagen. In nicht wenigen Fällen lebten Einheimische und Zuwanderer auch innerhalb einer Dorfgemeinschaft zusammen. Manche Regionen wiederum wurden von der Zuwanderung umgangen (wie das Hannoversche Wendland) oder wie die Insel Rügen gar nicht bzw. in nicht nennenswertem Ausmaß erreicht. Dass es auf Rügen dennoch, wenn auch in bescheideneren Dimensionen und in einer weniger planvollen Weise, zu einer Verhufung, dörflichen Gemeindebildung und Ansiedlung von Bauern nach Erbzinsrecht kam, belegt einmal mehr, dass der Landesausbau zwar ein «deutschrechtlicher», aber kein «deutscher» war. Er konnte eben auch aus slawischer Initiative und allein mit slawischen Menschen durchgeführt werden.

Die mithin in einer sehr spezifischen deutsch-slawischen Symbiose erfolgte hochmittelalterliche Transformation der elbslawischen Landschaften blieb im Übrigen nicht auf den ländlichen Bereich beschränkt. Komplementär zur Modernisierung der Agrarwirtschaft und ländlichen Siedlung bildeten sich neue Geld-Markt-Beziehungen aus, wurden bestehende frühstädtische Wirtschaftszentren zu kommunalen Markt- und Rechtsstädten um- und ausgebaut sowie im Umfeld von Rodungsdörfern auch ganz neue deutschrechtliche Städte gegründet. Auch in ihnen ließen sich nicht nur zuwandernde deutsche Kaufleute und Handwerker nieder, sondern folgten auch einheimische Slawen dem Lockruf *Stadtluft macht frei*.

Im Schmelztiegel des städtischen Lebens verloren die ethnischen Gegensätze rascher an Bedeutung, wenngleich Slawen in den deutschsprachigen Städten oft nur in sozial schwächere Positionen gelangten. Aber auch auf dem Land beschleunigten die weitgehende rechtliche Gleichstellung, die gemeinsame Wirtschafts- und Siedlungsweise, das verbindende Christentum die Assimilation. So wie sich die slawischen Großen in den zugewanderten deutschen Adel integrierten bzw. mit diesem zu einem neuen ostelbischen Ritterstand verbanden, gab früher oder später auch der größte Teil der bäuerlichen slawischen Bevölkerung seine Sprache auf, passte sich kulturell und mental der deutschsprachigen Zuwanderergesellschaft an und verschmolz mit dieser zu einem neuen ostdeutschen Bauernstand. So verwandelten sich die elbslawischen Gebiete schließlich in jenen Teil Deutschlands, für den die Forschung angesichts seiner tiefen wechselseitigen slawisch-deutschen Durchdringung die treffende Bezeichnung *Germania Slavica* geprägt hat.

3. Die Slawen im Reich Deutscher Nation

Mit dem Aufgehen der Elbslawen und (zeitlich früher) der kärntener Alpenslawen in den Gesellschaften deutscher Reichsterritorien waren die Slawen zwischen Elbe und Oder, Ostsee und Erzgebirge, an der oberen Drau und Save als eigenständiger politischer Faktor und unabhängige ethnisch-kulturelle Erscheinung aus der Geschichte Mitteleuropas ausgetreten. Gleichwohl lebten auch im spätmittelalterlichen und frühneuzeitlichen Heiligen Römischen Reich Deutscher Nation weiterhin Slawen. Diese bildeten fortan eine spezifische Minderheit, die in den zeitgenössischen Schrift- und Sachquellen nur noch wenig in Erscheinung trat. Da, wo Einwohner des Reiches von der deutschsprachigen Mehrheitsbevölkerung weiterhin als Slawen wahrgenommen wurden, geschah dies vor allem in zwei Kontexten: Zum einen im städtischen Milieu, in dem Slawen zu Adressaten diskriminierender Ausgrenzungsmaßnahmen wurden, zum anderen in slawischsprachigen Rückzugsgebieten, in denen sie zum Objekt einer interessierten ethnographischen Beobachtung wurden.

In den ostdeutschen Rechtsstädten des 13. und frühen 14. Jahrhunderts hatten auch Bürger, die nach Namen und

Sprache als Slawen erkennbar blieben, alle administrativen, wirtschaftlichen und sozialen Positionen – vom Zunfthandwerker bis zum Ratsherrn – einnehmen können. Dies änderte sich ab der Mitte des 14. Jahrhunderts, als Pestepidemien und Konjunktureinbrüche in die Krise des Spätmittelalters hineinführten. Wer sich nun in der Stadt weiterhin erkennbar slawisch gab, wer nicht vollständig die deutsche Sprache, die deutschen Rechtsgewohnheiten und Sitten annahm, dem blieb der ökonomische und soziale Aufstieg, der Zugang zu städtischen Ämtern, in einigen Städten auch zum Bürgerrecht fortan verwehrt. Vor allem die Zünfte begannen, Slawen explizit auszugrenzen. Im Rahmen ihrer bei Neuaufnahmen allgemein üblichen Ehrbarkeitsforderungen (eheliche, ehrliche und freie Geburt, moralischer Lebenswandel) verlangten sie immer öfter auch den Nachweis einer nichtslawischen, deutschen Geburt. Interessanterweise traten solche Forderungen zunächst nur in Städten auf, die in der Nähe von noch relativ geschlossenen slawischsprachigen Siedlungsinseln lagen. Offenbar wollte man einen weiteren Zuzug aus diesen Gebieten in die jeweiligen Städte und damit eine Ausweitung der wirtschaftlichen Konkurrenz verhindern. Die ersten einschlägigen Regelungen begegnen in Lüneburg (1350) am westlichen Rand des von den Dravänopolaben bewohnten Hannoverschen Wendlands, das bis ins 18. Jahrhundert hinein eines der letzten slawischsprachigen Rückzugsgebiete blieb, sowie im niederlausitzischen Beeskow (1353). Nach den Lüneburger Krämern und Beeskower Schuhmachern erließen seit dem ausgehenden 14. Jahrhundert zahlreiche weitere Zünfte, so die Wollweber im nahe der noch geschlossen slawischen Jabelheide gelegenen Schwerin (1372), die Schuhmacher im niederlausitzischen Luckau (1384), die Lakenmacher in Salzwedel (1399) und Lübeck (1400), analoge Regelungen. Im 15. und 16. Jahrhundert kamen weitere Städte an der unteren Elbe, im Erzstift Magdeburg, in Brandenburg, Mecklenburg und Pommern, vereinzelt auch an der südwestlichen Ostseeküste hinzu. Ein Teil dieser späten Ausschlussregelungen dürfte bereits ohne realen Bezug auf ein wirklich präsentes slawisches Ethnikum erlassen worden sein. Sie stellten damit bereits eher ein Phänomen der ideellen Konstruktion von Alterität bzw. eines negativen Bildes vom slawischen Anderen dar als eine Reaktion auf eine tatsächliche slawisch-deutsche Konkurrenzsituation. Einem realen Bedürfnis der slawischen Minderheit entsprach dagegen die seit dem 14. Jahrhundert einsetzende Verdrängung des Slawischen als Gerichtssprache. Die entsprechenden Verbote können jedenfalls nicht einseitig als Diskriminierungsmaßnahme gedeutet werden, sondern dienten vor allem dem Schutz slawischer Prozessbeteiligter, die der slawischen Sprache oft nicht mehr hinreichend mächtig waren und daher – angesichts des in der Rechtsprechung weiterhin geltenden Personalitätsprinzips, nach dem jeder Prozessbeteiligte in seiner Geburtssprache angehört werden musste – Gefahr liefen, schon aufgrund rein formal-sprachlicher Fehler einen Prozess zu verlieren.

Nicht nur der juristische Umgang mit der slawischen Minderheit nahm gleichwohl zunehmend Elemente einer stereotypen Fremdwahrnehmung an. Auch zeitgenössische Chronisten führten die in verschiedenen Gegenden des Reiches noch anzutreffenden Slawen ihren deutschsprachigen Lesern immer öfter als das fremde Andere vor Augen. Dessen Sprache, Sitten und Gebräuche nahm man gern als ethnographische Kuriosität zur Kenntnis, bedauerte aber nicht wirklich, dass sie allmählich und unwiederbringlich verschwanden. So konstatierte der pommersche Chronist Nikolaus von Klempzen in den 1540er-Jahren nicht ohne Genugtuung, dass bereits im Jahr 1404 «eine alte Fraue […] auf dem Lande zu Rugen gestorben, welche die letzte da im Lande gewest, die wendisch hat gekonnt. Dann obwohl das Land lengst bereit gar teutsch gewest, seind dennoch bisher noch etliche Nachlesen von Wenden gebliben, die sobald nicht haben undergehen konnen. Itz aber von dieser Zeit an ist Pommern und Rugen gar teutsch und sechsisch, und ist kein Wend mehr darinne.» Im Hannoverschen Wendland mussten protestantische Kircheninspektoren noch in den 1660–70er-Jahren hinnehmen, dass manche Bewohner, «weil diese Leute an hiesigen Orthe aus den Wendenthumb entsprossen, alß sind sie noch voller wendischen Aberglaubens», oder sich Beschwerden «von der in Wustrow, Lüchow und anderer orten geseßenen Wenden unvernünfftigen gewohnheiten und gottlosen Leben» anhören. Die von der evangelisch-lutherischen Geistlichkeit ergriffenen (von der aufgeklärt-absolutistischen Landesherrschaft nicht geförderten) Gegenmaßnahmen blieben nicht ohne Wirkung. Schon 1711 notierte der Wustrower Pfarrer Christian Hennig: «Jeziger Zeit reden hier herum nur noch einige von den Alten Wendisch, und dürfen es kaum vor ihren Kindern und andern jungen Leüten thun, weil sie damit ausgelachtet werden. [...] Dahero unfehlbar zu vermuthen, daß innerhalb 20. zum Höchsten 30. Jahren, wenn die Alten vorbey, die Sprache auch wird vergangen seyn, und mann so dann keinen Wend mehr in seiner Sprache alhier wird zu hören kriegen.» Tatsächlich hieß es dann im Sterbebuch der Wustrower Pfarrgemeinde zum Jahr 1756 anlässlich des Todes der Witwe Emerentz Schultz, dass diese «die letzte von denen [gewesen sei], die perfect Wendisch hat sprechen und singen können».

Anders als die dravänopolabische Minderheit im Hannoverschen Wendland haben die Slawen der Nieder- und Oberlausitz auch über das 18. Jahrhundert und das Ende des Alten Reiches hinweg Sprache und Brauchtum bewahren können. Eine weniger zentralistische Landesherrschaft und das Vorherrschen partikularer Regionalgewalten (Städte, Klöster, Ritterschaft) ermöglichten den Lausitzen eine relativ hohe Selbstständigkeit. Da sie gebietsweise wenig zugänglich und landwirtschaftlich unattraktiv waren, blieb zudem auch die Wirkung von Landesausbau und Zuwanderung begrenzt. Dennoch wurde auch dieses Rückzugsgebiet von Assimilationstendenzen und Integrationsmaßnahmen erfasst, sodass das sorbische Sprachgebiet zu Beginn des 16. Jahrhunderts bereits deutlich geschrumpft war. Dass das Sorbische – genauer das dem Tschechischen verwandte Obersorbisch und das dem Polnischen nahestehende Niedersorbisch – nach der Reformation unter dem Schutz der Stände in der Kirche verwendet werden durfte, hat sicher entscheidend zur Bewahrung bzw. Neuformierung einer sorbischen Identität beigetragen. Bibelübersetzungen sowie muttersprachliche Gebets- und Gesangsbücher erhoben das Sorbische zur Schriftsprache, während die Ausbildung sorbischer Geistlicher (in Wittenberg, Frankfurt/Oder, später im «Wendischen Seminar» von Prag oder im Wendischen Predigerkollegium von Leipzig) die Formierung einer sorbischen intellektuellen Elite ermöglichte. Zwar hatten die kleinstaatlichen Zentralisierungsbestrebungen und absolutistischen Anwandlungen der sächsischen und brandenburgisch-preußischen Landesherren seit dem ausgehenden 17. Jahrhundert zeitweise mehr oder weniger ausgeprägte Germanisierungsversuche zur Folge. Doch konnten Geistlichkeit und Stände den antisorbischen Verboten immer wieder die Spitze nehmen und dazu beitragen, dass sich die sorbische Sprache und Kultur – wenn auch auf einem gegenüber dem frühen 16. Jahrhundert am Ende des 18. Jahrhunderts noch einmal deutlich eingeschrumpften Gebiet – erhalten konnten. Als eine Minderheit, die sich im Kontext der modernen Nationswerdungsprozesse auch als eigene Nation zu konstituieren bemühte, haben die Sorben schließlich auch die negative preußische Sprachenpolitik des 19. Jahrhunderts, die demographischen Folgen der Industrialisierung, die massiven Eindeutschungsversuche der Nationalsozialisten und die ideologische Vereinnahmung der DDR als eine selbstbewusste sprachlich-kulturelle Großgruppe überlebt. Ihre heute noch etwa 60 000 Angehörigen können als die letzten Repräsentanten einer elbslawischen Vergangenheit angesehen werden, die die östliche Hälfte der Bundesrepublik Deutschland entscheidend mitgeprägt hat.

V. Die Erfindung slawischer Zusammengehörigkeit in der Vormoderne

So wie sich im 19. Jahrhundert die Sorben als eigene Nation zu erfinden bemühten, haben auch alle anderen modernen slawischsprachigen Großgruppen stets – und bis heute – die ethnisch homogene, staatlich unabhängige Nation als ihr höchstes politisches Ideal betrachtet. Auch die mittelalterlichen Reiche

der Polen, Böhmen, Kroaten, Serben, Bulgaren und der Rus'
vertraten ein zwar spezifisch vormodernes, so doch nicht weniger exklusives Nationsverständnis, für das die Kategorien «Slawentum» und «slawische Gemeinschaft» keine Rolle spielten.
Selbst im Frühmittelalter haben die byzantinischen, arabischen
und lateinischen Quellen mit ihrem jeweiligen «Slawen»-Begriff
zu keinem Zeitpunkt eine ethnisch oder politisch-sozial defi-
nierte, den osteuropäischen Raum umspannende Großgemeinschaft im Auge gehabt. Sie haben mit dem Wort «Slawen»
(*Sklabenoi, Ṣaqāliba, Sclavi*) vielmehr von Anfang an sehr verschiedene, größere oder kleinere Gruppen und Verbände – primär in ihrem unmittelbaren Umfeld – erfasst, die sie zunächst
nur schwer einordnen und daher mit einer Art Sammelbegriff
vor allem als etwas Fremdes markierten. Sobald sich aus diesem
diffusen Fremden großräumige, politisch gefestigte, christia-
nisierte mittelalterliche Reiche herausgehoben hatten, die mit
eigenen Namen bezeichnet und begriffen werden konnten,
schieden diese aus dem «Slawen»-Konzept der nichtslawischen
Beobachter aus. So wurde der Begriff «Slawen» (bzw. «Wenden») im Reich weitgehend auf die paganen Elbslawen, anschließend auf die sich der Assimilation entziehenden slawischsprachigen Minderheiten eingegrenzt.

Auch die indigenen osteuropäischen Quellen haben mit ihrem
«Slawen»-Begriff zunächst keinerlei Vorstellungen von einer slawischen Gemeinschaft oder einer gemeinsamen Abstammung
verbunden. Die vor Ende des 9. Jahrhunderts entstandenen altkirchenslawischen Viten des Konstantin und Method verwendeten «slawisch» und «Slawen» zur sprachlichen Differenzierung der missionierten Mährer und Pannonier, während die
böhmischen Wenzels- und Ludmila-Legenden des ausgehenden
10., frühen 11. Jahrhunderts das Wort lediglich in historischem
Kontext zur Bezeichnung mährischer und böhmischer Teilge-
biete gebrauchten. Der Prager Chronist Kosmas benutzte es zu
Beginn des 12. Jahrhunderts als Synonym für Tschechisch bzw.
die Böhmen – und dies bezeichnenderweise in Konfliktsitua-
tionen mit den Deutschen, von denen er berichtete, dass sie in
ihrem Hochmut beständig die Slawen, d. h. die Böhmen und

ihre slawische, also tschechische Sprache verachteten. In Polen sprach der erste, anonyme Chronist der Piasten um 1113/16 einleitend zwar in einem geographischen Sinn von einem «Slawenland» (*Sclavonia*), handelte ansonsten aber ausschließlich von der polnisch-piastischen Geschichte bzw. den Polen (*Poloni*), ohne weiter von «Slawen» zu sprechen oder gar ein slawisches Gemeinschaftsbewusstsein zu evozieren. Die Böhmen/Tschechen erschienen ihm im Gegenteil geradezu als die ärgsten Feinde der Polen – so wie auch der Böhme Kosmas die Polen als die schlimmsten Widersacher der Tschechen ansah. Auch dem Krakauer Chronisten Vincentius ging es am Ende des 12. Jahrhunderts ausschließlich um die Polen und ihre von ihm bis in die Antike zurückgeführte Geschichte. Wenn er dabei ein einziges Mal von einem «Slawenland» (*Sclavia*) sprach, wollte er damit nicht etwa eine ethnisch-territoriale Großgemeinschaft bezeichnen, sondern in antikisierender Personifizierung lediglich die Vorrangstellung der Polen innerhalb der zeitgenössischen slawischsprachigen Welt hervorheben. Immerhin deutete sich hier eine zeitgenössische Instrumentalisierung des «Slawen»-Konzepts für politisch-dynastische Zwecke an, die andernorts schon zu Beginn des 12. Jahrhunderts deutlicher in Erscheinung getreten war.

I. Frühe Legenden von einer slawischen Urheimat

In Kiew stellte um 1115 ein Mönch die älteste Chronik der Rus', die *Erzählung von den vergangenen Jahren*, zusammen. Diese wollte der aktuellen rus'ischen Herrschaft nicht zuletzt einen möglichst alten Stammbaum zuschreiben. Zu diesem Zweck verband die Chronik in ihrem einleitenden Teil die biblische Geschichte vom Turmbau zu Babel mit einer spezifischen Migrationsgeschichte der Slawen (*Sloveni*), der zufolge die slawische Sprache bzw. das slawische Volk eine der durch die babylonische Sprachverwirrung entstandenen 72 Sprachgemeinschaften gewesen sei. Diese habe sich im Anteil Japhets «an der Donau niedergelassen, wo jetzt das Ungarische Land ist und das Bulgarische». Von dort aus hätten sich die Slawen «über die

Erde» ausgebreitet und «mit eigenen Namen» benannt, je nachdem «wo sie siedelten, an welchen Orten». So sei es zu den Bezeichnungen Mährer, Böhmen, Kroaten, Serben, Karantanen, Polen, aber auch zur Benennung slawischer Verbände innerhalb der Kiewer Rus', nämlich der Poljanen, Derevljanen, Dregovičen, Poločanen, Severjanen und der am Ilmensee siedelnden Slowenen gekommen.

Augenscheinlich sollte die Legende vom gemeinsamen biblischen Ursprung der Slawen und ihrer pannonischen Urheimat bzw. ihrer von dort ausgegangenen Ausbreitung bis in die unterschiedlichen Gebiete der Kiewer Rus' hinein die aktuelle Herrschaft der Rjurikiden bzw. des Kiewer Großfürsten Vladimir Monomach († 1125) an die älteren christlichen Herrschaftsbildungen der Bulgaren und Mährer sowie deren Missionsgeschichte anschließen. Auf diese Weise konnten das rus'ische Land und seine Herrscherdynastie als uralte Teilhaber an der christlichen Heilsgeschichte und als eine im Konzert der christlichen mittelalterlichen Reiche ebenbürtige Macht erwiesen werden. Darüber hinaus konnte gerade im Fall der Ostslawen, die auf ihrem riesigen Siedlungsgebiet regional und politisch weitaus stärker differenziert und mit größerer ethnischer Vielfalt konfrontiert waren als die übrigen slawischsprachigen Reiche, das Konstrukt einer ursprünglichen slawischen Gemeinschaft gut als Klammer eingesetzt werden, mit deren Hilfe das Kiewer Herrscherhaus versuchen konnte, die auseinanderstrebenden Teilfürstentümer zusammenzuhalten bzw. eine gesamtrus'ische Identität auszubilden. Dass der Chronist für diese Konstruktion auf mündlich überlieferte Erinnerungen an tatsächliche slawische Wandervorgänge zurückgegriffen hat, erscheint ebenso unwahrscheinlich wie die Annahme, dass seine Geschichte ein ethnisch-gesamtslawisches Selbstverständnis ausdrücken wollte. Hier kam allenfalls ein Bewusstsein von jener sprachlich-kulturellen Verbindung zum Ausdruck, die in der aus Mähren bzw. Bulgarien zu den Ostslawen gelangten kyrillo-methodianischen Tradition der slawischen Liturgiesprache verankert war. Die Herkunfts- und Wanderlegende der Kiewer *Erzählung* dürfte also nichts anderes als eine von biblischen

Bildern inspirierte gelehrte Erfindung gewesen sein, wie sie in zahllosen Varianten der biblischen *origo gentis* auch andernorts begegnet. Entsprechende Inspirationen werden im Übrigen auch jenen Spekulationen zugrunde gelegen haben, die bereits einzelne Quellen des Frühmittelalters – so der gotisch-byzantinische Geschichtsschreiber Jordanes im 6., der sogenannte Kosmograph von Ravenna im 8., der sogenannte Bayerische Geograph im 9. und der arabische Gelehrte al-Masʿūdī sowie der byzantinische Kaiser Konstantin Porphyrogennetos im 10. Jahrhundert – über eine vermeintliche slawische Urheimat oder Urgemeinschaft angestellt haben.

2. Spätmittelalterliche Ideen von slawischer Gemeinschaft

Seit dem letzten Viertel des 13. Jahrhunderts wurden ähnliche geschichtspolitische Absichten, wie sie die slawische Herkunfts- und Wandersage der Kiewer *Erzählung von den vergangenen Jahren* motiviert haben, auch in böhmischen und polnischen Texten verfolgt. So appellierte 1278 ein Manifest des böhmischen Königs Přemysl Ottokars II. ausdrücklich an die Bluts- und Sprachverwandtschaft der Böhmen und Polen, um auf diese Weise die piastischen Herzöge der schlesischen Fürstentümer sowie deren Adlige für den böhmischen Kampf gegen König Rudolf I. zu gewinnen. War hier noch nicht von einer slawischen Gemeinschaft die Rede, so führte die im ersten Drittel des 14. Jahrhunderts im Zisterzienserkloster Königssaal bei Prag verfasste *Königssaaler Chronik* die Bereitschaft der polnischen Großen, den böhmischen König Wenzel II. († 1305) auch zum polnischen König zu erheben, bereits ausdrücklich auf eine solche vermeintliche slawische Gemeinsamkeit zurück. Karl IV. hat diese Art von Propaganda dann weiter verfeinert und die ‹slawische Idee› systematischer als legitimitätsstiftendes Instrument einzusetzen versucht. Das geschah durch eine besondere Förderung des römisch-glagolitischen Kirchenritus und des Kultes des Heiligen Hieronymus, der seit Mitte des 13. Jahrhunderts als Urheber dieser spezifischen, in Kroatien verankerten slawisch-westkirchlichen Tradition galt und von den Kroaten auch als Slawe angesehen wurde. Aus Kroatien lud Karl denn auch 1347 Benediktinermönche nach Prag ein, um von ihnen in der Neustadt ein slawisch-glagolitisches Kloster errichten zu lassen. Über die in diesem «Slawen-Kloster» (*Monasterium Slavorum*) gepflegte slawisch-glagolitische Kirchensprache ließ sich leicht eine Verwandtschaft von Tschechen und Kroaten herleiten. Eine solche hatte vor 1314 auch bereits die alttschechische Reimchronik des Dalimil konstruiert, indem sie den Stammvater der Böhmen, Čech, als Flüchtling aus Kroatien (*Charvátci*) nach Böhmen kommen ließ. Die Autorität des Hl. Hieronymus verlieh dieser Verwandtschaft eine besondere religiöse Legitimität. All dies mochte Karl als ideologische Stütze böhmisch-slawischer Vorherrschaftsansprüche willkommen gewesen sein.

In diesem Sinn setzte der böhmische König und römisch-deutsche Kaiser auch auf die zeitgenössische Geschichtsschreibung. Die von ihm in Auftrag gegebene, 1355–1358 entstandene Böhmische Chronik des Florentiners Johannes von Marignola führte den Ursprung der Böhmen bis in biblische Zeiten zurück. Dazu konstruierte sie eine urslawische Gemeinschaft, die vom Japhet-Enkel Elischa (*Helysa*) abstamme, «nach dem die Slawen gleichsam *Helisani* oder die Ruhmreichen genannt» worden seien. Diese vermeintlich ursprüngliche Bezeichnung der Slawen, von denen die Böhmen ein Teil seien, verband Johannes von Marignola mit dem Namen der přemyslidischen Mutter Karls IV., Elisabeth, während er über den Vater, Johannes von Luxemburg, eine bis auf die römischen Kaiser Diokletian und Maximian zurückführende Genealogie konstruierte. Die daraus abgeleitete Folgerung des Hofchronisten mündete in die rhetorische Frage: «Wer also hätte ruhmreicher im Haus des slawischen Volkes sein können als der berühmte Sproß der erlauchtesten Elisabeth?» Auf diese Weise wurde nicht nur dem am französischen Hof erzogenen und mitunter als landfremd angesehenen Luxemburger eine ehrwürdige slawische Herkunft zugeschrieben. Mit der generellen Einschreibung der Böhmen in eine biblisch verankerte slawische Abstammungsgemeinschaft konnte zugleich auch das Selbstbewusstsein

der böhmischen Adelsgesellschaft gestärkt werden. Allerdings
schöpfte der südböhmische Adlige Přibík Pulkava von Radenín
in seiner 1374 verfassten Böhmischen Chronik solches Selbstbewusstsein dann vielleicht doch eher aus einer Etymologie, die
das Wort Böhmen (*Boemia*) aus dem slawischen Wort für Gott
(*boh*) ableitete. Daneben verwies jedoch auch er auf eine durch
die babylonische Sprachverwirrung entstandene urslawische
Gemeinschaft, deutete diese aber als reine Sprachgemeinschaft,
deren Bezeichnung (*Slovani*) vom slawischen *slova* (= Wörter)
abgeleitet sei – womit er eine noch heute von Sprachwissenschaftlern vertretene Interpretation der Herkunft des Begriffs
«Slawen» bot. Aus dem Orient nach Südosteuropa eingewan-
dert hätten die Slawen dort jene Länder eingenommen, in denen
sie noch immer säßen. Aus einem dieser Länder, Kroatien, sei
schließlich der Stammvater der Böhmen, Čech, an die Moldau
gekommen.

Auch am Hof des polnischen Königs Kasimir III. scheint man
das legitimitätsstiftende Potenzial der Vorstellung von einer
slawischen Gemeinschaft bzw. Zusammengehörigkeit entdeckt
zu haben. Jedenfalls stellte Kasimirs Unterkanzler Jan von
Czarnków, einer der herausragenden politischen Köpfe seiner
Zeit, die polnische Geschichte erstmals bewusst in einen ge-
samtslawischen Zusammenhang. Dazu fügte er im späten
14. Jahrhundert in der ihm zugeschriebenen Redaktion der
Großpolnischen Chronik der bereits zu Beginn des 14. Jahrhunderts in der Chronik des Krakauer Franziskaners Dzierzwa
konstruierten biblisch-antiken Genealogie der Polen einen
Stammvater namens Pan ein. Über diesen etymologisch mit
«Herr»/»Herrscher» verknüpften Namen leitete er eine slawische Urheimat in Pannonien (d. h. im zeitgenössischen Ungarn)
ab. Zugleich bediente er sich des klassischen Drei-Brüder-
Motivs, um in den drei Söhnen des Pan – Čech, Lech und Rus –
die Böhmen, Polen und Rus' zu verkörpern. Damit stattete Jan
von Czarnków die drei zeitgenössischen ostmitteleuropäischen
Königreiche – Ungarn, Böhmen, Polen – sowie die Rus', deren
westliche Teile (Halič-Wolhynien) Kasimir III. für das Königreich Polen erobert hatte, mit einem altehrwürdigen Stamm-

baum aus. Zugleich profilierte er sie als die historisch maßgeblichen Mächte, aus denen – wie er betonte – «viele andere Reiche und Herrschaften der slawischen Nation hervorgegangen» seien. Dabei schrieb er den Polen naheliegenderweise die Vorherrschaft zu und ließ damit eine ähnliche geschichtspolitische Absicht erkennen, wie sie die Hofhistoriographen Karls IV. verfolgten – auch Kasimirs machtpolitisches, auf slawischsprachige Nachbargebiete im Norden und Osten ausgreifendes Expansionsprogramm bedurfte der Legitimierung.

Die politische Wirkung der spätmittelalterlichen Legenden von gemeinsamer Abstammung und slawischer Zusammengehörigkeit blieb am Ende gering. Sie stellten schließlich nicht mehr als künstlich produzierte, gelehrte Konstrukte dar, die schon in den Augen der Zeitgenossen einer realen Grundlage entbehrten. Ihr Anliegen, in einer konkreten politischen Situation Legitimität zu stiften und politische Allianzen zu fördern, haben sie denn auch nicht wirklich zu erfüllen vermocht. Gleichwohl blieben sie präsent und bereicherten auch die Chorographien und ethnographischen Exkurse von Geschichtswerken des 15. Jahrhunderts. So leitete der Pole Jan Długosz seine zwölfbändige, zwischen 1455 und 1480 verfasste Geschichte Polens mit einer Völker-Genealogie ein, in der er die Slawen (*Slawi*) ein weiteres Mal auf einen biblischen Urvater zurückführte. Das Motiv der urslawischen Gemeinschaft ließ er dabei aber in einer ausschweifenden literarischen Darlegung der Herkunft und Schicksale der slawischsprachigen Einzelnationen nahezu gänzlich untergehen. Andere begannen, Zweifel an der Zuverlässigkeit und Sinnhaftigkeit der bisherigen Herleitungen zu hegen. So meinte der spätbyzantinische Geschichtsschreiber Laonikos Chalkokondyles in den 1480er-Jahren zwar feststellen zu können, dass die Kroaten, Serben, Bulgaren, die Polen und Russen, weil sie die gleiche Sprache sprechen, «zusammengehören und stammverwandt sein dürften». Doch «welches Volk älter ist und welches […] als ihre Urheimat anzusehen ist, ob die Balkanslawen aus Europa auszogen und Polen und Russland besiedelt haben oder ob die Russen auf das diesseitige Donauufer kamen und Bulgarien und das Land der Serben und

vor allem das Land der Slawen am Ionischen Meer bis zu den
Venetern hin besiedelt haben», erschien ihm gänzlich unklar. Er
beließ es denn auch bei der sokratischen Sentenz: «Was immer
man darüber sagen möge, es kann nichts Sicheres darüber ge-
sagt werden.»

3. Frühneuzeitliche Wahrnehmungen der Slawen

Noch im 16. und 17. Jahrhundert schrieben kroatische bzw.
dalmatinische katholische Geistliche wie Vinko Pribojević, Ma-
vro Orbini und Juraj Križanić die mittelalterlichen Abstam-
mungslegenden und Etymologien in eigentümlicher Weise fort.
Ihre Konstrukte waren zum einen von dem Wunsch geleitet, alle
Slawen unter polnischer oder russischer Anleitung zu einem Be-
freiungskampf gegen die Osmanen zusammenzuführen. Zum
anderen waren sie von der Idee beherrscht, den Zaren dafür zu
gewinnen, seine russischen Untertanen mit den katholischen
Slawen in einer ostwestlichen Kirchenunion zu vereinen. Auch
diese Ideen blieben zeitgenössisch wirkungslos. Sie sollten ihre
Autoren erst im 19. Jahrhundert als vermeintliche Vorläufer
eines modernen Panslawismus bekannt machen.

Während einzelne slawischsprachige Denker abseitige proto-
panslawische Spekulationen verfolgten, entwickelte die früh-
neuzeitliche nichtslawische Welt erstmals eine aufmerksame
Außensicht auf die Slawen. Seit dem ausgehenden Mittelalter
hatten intensivierte dynastisch-politische und ökonomische Beziehungen eine wachsende Zahl von Reisebeschreibungen her-
vorgebracht, die dank des neuen Buchdrucks weite Verbreitung
fanden. Sie informierten die Mittel- und Westeuropäer über, wie
es 1557 bei Sigismund von Herberstein hieß, der slawischen
«Nachbar-Völker Sitten, große Taten – die bisher unbekannt
waren – [und] wahrhafte Geschichte». Dabei standen jeweils
die einzelnen slawischen ‹Nationen› im Fokus, während das
Verbindende – wenn überhaupt – allenfalls in der sprachlichen
Verwandtschaft beobachtet und notiert wurde. Auch Reformation und Gegenreformation rückten die einzelnen slawischen
Volkssprachen ins Zentrum des Interesses. Nicht gelehrte Spe-

kulationen über eine slawische Urheimat oder eine gemeinsame slawische Identität, sondern die praktische Entdeckung, Systematisierung und Anwendung der einzelnen slawischen Sprachen musste die Geistlichen beschäftigen, wollten sie die Gläubigen erreichen. So begann man aus verschiedenen Motivationen und Perspektiven mit einer bewussten Erkundung der slawischen Welt, fragte dabei aber insbesondere nach der Entstehung, Entwicklung und Verwandtschaft der slawischen Sprachen.

Diese Anfänge einer wissenschaftlichen Slawenkunde gewannen im 17. Jahrhundert an Intensität. Sie schlugen sich zunächst in erster Linie in kirchengeschichtlich-theologischen Schriften und sprachkundlichen Werken nieder. Neue Gesprächsbücher, Grammatiken und Wörtersammlungen dienten nicht allein dem praktischen Spracherwerb, sondern förderten auch die Konsolidierung und Kodifizierung der behandelten Sprache. Sie schufen zugleich die Voraussetzungen für einen systematischen Sprachvergleich, aus dem sich in der Folge die moderne Sprachwissenschaft entwickeln sollte. Besonders intensiv wurden solche Studien in gemischtsprachigen bzw. grenznahen Gebieten betrieben. So widmete man sich im Ostseegebiet vor allem dem Polnischen, in Sachsen und der Lausitz dem Sorbischen oder in Nordostbayern dem Tschechischen. Hier wie dort bildeten jeweils die einzelnen Sprachen und ihre Sprecher, nicht «die Slawen» als imaginierte Großgemeinschaft das Studienobjekt. Das galt auch für die – noch überschaubare – Zahl von Dissertationen, die nun an einzelnen Universitäten zur Geschichte, Sprache und Volkskultur der Slawen verfasst wurden.

Mit der Aufklärung, die dem vernunftgeleiteten wissenschaftlichen Denken allgemein zum Durchbruch verhalf, erreichte die Slawenkunde im 18. Jahrhundert ein neues Niveau. Gefördert durch die wachsende politische und wirtschaftliche Verflechtung deutscher Territorien mit dem Königreich Polen und dem sich seit Peter dem Großen dem Westen öffnenden Zarenreich gewann der intellektuelle Austausch an Intensität. Zahlreiche slawischsprachige Studierende zog es an die aufblühenden deutschen Universitäten (nicht zuletzt an die Neugründungen in

Halle und Göttingen), während deutsche Intellektuelle in eine rege Kommunikation mit Vertretern der slawischen Welt eintraten, die ihrerseits ein neues Interesse an ihrer eigenen Sprache und Kultur entwickelten.

Persönliche Kontakte und eine ausgedehnte Korrespondenz waren auch die Grundlage, auf der Gottfried Wilhelm Leibniz, einer der herausragendsten Vertreter des neuen Wissenschaftsverständnisses, seine Kenntnisse über slawische Sprachen, Völker und Kulturen bezog. Sein slawistisches Interesse rührte aus dem Wunsch, eine allgemeine Völkergeschichte zu schreiben, für die ihm eine Erforschung der Sprachgeschichte bzw. des Verhältnisses der verschiedenen Sprachen zueinander unerlässlich erschien. Seine zu diesem Zweck vorgenommene Klassifizierung der slawischen Sprachen, seine Anregungen zu etymologischen und lexikalischen Studien und seine grundlegenden komparativlinguistischen Überlegungen brachten erhebliche Erkenntnisfortschritte. Besondere Aufmerksamkeit widmete Leibniz zeitweise den Dravänopolaben. Seit Beginn des 18. Jahrhunderts wandte er sich – inspiriert von den Reformen Peters des Großen, mit dem er in persönlicher Verbindung stand – aber vor allem der Geschichte und Gegenwart Russlands zu. Russland und der deutsch-russische wissenschaftliche Austausch sollten auch ein besonderes Aufgabenfeld der unter Leibniz' Ägide im Jahr 1700 begründeten Berliner Akademie der Wissenschaften werden.

Wie sehr «die Slawen» im allgemeinen Bewusstsein bis zur Mitte des 18. Jahrhunderts hinter den immer kenntnisreicheren Bildern von den Russen, Polen, Sorben, den Tschechen, Kroaten oder Serben zurücktraten, zeigt der einschlägige Eintrag in Johann Gottfried Zedlers «Grossem Vollständigen Universal-Lexicon aller Wissenschafften und Künste». Die 1743 im 38. Band dieses wohl ambitioniertesten Unternehmens frühneuzeitlicher Wissensspeicherung publizierten Ausführungen definierten und beschrieben die Slawen primär als eine Erscheinung der Vergangenheit: «Slaven [...] war vormahls der Nahme einer mächtigen Nation, die sich durch Ungarn, Pohlen, Ruszien, Preussen, Pommern, Mecklenburg, Böhmen, Schlesien und durch viele andere benachbarte Länder ausgebreitet» und nur in Teilen Ungarns, «in Dalmatien, Illyrien und den sogenannten Sclavonien [...] noch bis jetzo» erhalten hat. Folglich führte der Artikel dem Leser auch nur die frühmittelalterliche slawische Vergangenheit von der Migration bis zur Christianisierung vor Augen und widmete bezeichnenderweise ein Viertel seines Textes einer Schilderung der einstigen gentilreligiösen Kultpraktiken. Zu den habsburgischen Restbeständen der «Slawischen Nation» wusste der Eintrag nur einige vage Beobachtungen über ihren Fleiß, ihre große Fruchtbarkeit und Emotionalität mitzuteilen. Damit nahm das Universal-Lexicon bereits jene spätaufklärerischen Beschreibungen und romantischen Beschwörungen eines «slawischen Volkscharakters» vorweg, die Historiker und Literaten wie August Ludwig Schlözer und Johann Gottfried Herder bald zu neuzeitlichen «Entdeckern der Slawen» werden ließen.

Der seit 1754 in Göttingen, 1761–1767 auch in St. Petersburg tätige Schlözer nahm gleichfalls in erster Linie die russische Geschichte in den Blick. Dennoch hat er mit grundlegenden Quellenstudien und großangelegten Darstellungen maßgeblich zu einer Verwissenschaftlichung der gesamten Slawenkunde beigetragen. In seiner aufgeklärt-rationalen Herangehensweise gelang ihm eine wissenschaftlich fundierte Gesamtschau, die erstmals die slawischen Völker systematisch geographisch und nach ihrer inneren Verbindung gliederte und ihre Sprachen zutreffend klassifizierte. Dabei sah er die Slawen als eine der «berühmtesten Nationen [an]; da sie durch so viele Länder, und zwar ehemals noch ungleich mehrere, ausgebreitet [...] die Gestalt von Europa ganz verändert haben». An anderer Stelle charakterisierte er sie als einen «große[n], berühmte[n], alte[n], mächtige[n] und weitausgebreitete[n] Völkerstamm im Norden, den wir noch zur Zeit so wenig kennen, und gleichwol, bey dem Reichthum theils möglicher, theils schon vorhandener Hülfsmittel, vollständiger als alle anderen kennen könnten».

Die 1771 gedruckte Allgemeine Nordische Geschichte, in der sich diese Einschätzung fand, diente Johann Gottfried Herder als eine zentrale Quelle, als er um die Mitte der 1780er-Jahre seinen (1791 publizierten) «Ideen zur Philosophie der Geschichte der Menschheit» ein kurzes Slawenkapitel einfügte. Der Weimarer Generalsuperintendent war alles andere als ein slawistischer Experte. Weder beherrschte er eine slawische Sprache noch hatten ihm seine ostpreußische Heimat, seine Königsberger Studienjahre oder seine Hilfslehrertätigkeit in Riga mehr als oberflächliche Einblicke eröffnet. Seine knappen Ausführungen, die sich im Übrigen auf die staatenlose Frühgeschichte der Slawen beschränkten und die politische Gegenwart Polens und Russlands ausblendeten, waren denn auch eher ein philosophisch-politisches Statement als eine slawenkundliche Abhandlung. Dessen Anliegen war es, am Beispiel der Slawen einmal mehr das aufgeklärt-romantische Ideal eines allgemeinen menschlichen Fortschritts zu propagieren. Dieses Ideal implizierte die Anerkennung einer besonderen Individualität eines jeden Volkes, das Herder als eine organische, wie das menschliche Individuum einem Werden und Vergehen unterworfene Einheit dachte. Dabei sah er die Individualität eines Volkes in seiner eigenen Sprache und in der in dieser Sprache verfassten Dichtung manifestiert. Deren Sammlung schenkte Herder daher besondere Aufmerksamkeit, hoffte er doch, sein Humanitätsideal auch durch die Verbreitung alter Volkslieder (1775, 1778–79) befördern zu können. Früher oder später musste die fortschreitende Humanität, so Herders Vision, dazu führen, «dass in Europa die Gesetzgebung und Politik statt des kriegerischen Geistes immer mehr den stillen Fleiß und das ruhige Verkehr der Völker untereinander befördern müssen und befördern werden». Für diese Vision idealisierte er die «slawischen Völker» als eine überaus fleißige, vollkommen friedfertige «Nation», eine Gemeinschaft, die «nach ihrer Art ein fröhliches, musikalisches Leben» geführt [habe], mildtätig, bis zur Verschwendung gastfrei, «[ein] Liebhaber der ländlichen Freiheit» gewesen sei, die aber aufgrund ihres «weiche[n] Charakter[s]», infolge ihrer «Liebe zur Ruhe und zum häuslichen Fleiß» von den Nachbarn, vor allem den Deutschen, unterdrückt und ihrer Freiheit beraubt worden sei. Das war eine Charakterisierung, deren Topoi sich bereits in frühmittelalterlichen byzantinischen

Quellen fanden und in ähnlicher Form auch in anderen zeitgenössischen Werken, so bei dem Berliner Mediziner und Historiker Johann Karl Wilhelm Moehsen oder dem Görlitzer Juristen, Sprachforscher und Mitbegründer der Oberlausitzischen Gesellschaft der Wissenschaften, Karl Gottlob Anton, begegneten. Herder leitete aus ihr aber eine wirkmächtige Prophezeiung ab, wenn er am Ende des Kapitels den Slawen emphatisch entgegenrief: «(…) so werdet auch ihr so tief versunkene, einst fleißige und glückliche Völker endlich einmal von eurem langen, trägen Schlaf ermuntert, von euren Sklavenketten befreit, eure schönen Gegenden vom Adriatischen Meer bis zum karpatischen Gebürge, vom Don bis zur Moldau als Eigentum nutzen und eure alten Feste des ruhigen Fleißes und Handels auf ihnen feiern dörfen».

VI. Die Slawen und die Slawische Idee
in der Neuzeit

1. Slawische Volksgeschichte und moderne Nationsbildung

Herders Weckruf an die slawischen Völker wurde von slawischsprachigen Intellektuellen begeistert aufgegriffen. Auch wenn ihre nationale Selbstbewusstwerdung keineswegs erst des äußeren Anstoßes bedurfte, haben sie den Gedanken der Gleichberechtigung aller Völker, das Ideal einer slawisch geprägten Humanität und die Vision einer nationalen Emanzipation gern als autoritative Bestätigung ihres Selbstgefühls entgegengenommen und ihren nationalpolitischen Aspirationen zugrunde gelegt. Ihre Ansprüche richteten sich gegen ein durch die Französische Revolution und die napoleonischen Kriege zwar erschüttertes, aber keineswegs überwundenes Ancien Régime, in dem die slawischen Völker weiterhin einer unterschiedlich intensiven Fremdherrschaft unterworfen blieben. Allein die ostslawischen Russen besaßen im Zarenreich eine staatliche Eigenständigkeit, deren monarchisch-autokratische Form die restaurative Unterdrückung – nach innen und außen – allerdings eher verstärkt als slawische Emanzipationshoffnungen befördert hat. Alle anderen slawischen Völker blickten entweder wehmutsvoll – wie die Polen, Tschechen, Kroaten, Serben und Bulgaren – auf eine historische, vor längerer oder kürzerer Zeit verloren gegangene Eigenstaatlichkeit zurück, die es wiederzuerlangen galt, oder begannen – wie Sorben, Slowenen, Slowaken und Ukrainer – überhaupt erstmals ein eigenes nationales Bewusstsein auszubilden. Während die auf Preußen, Russland und Österreich aufgeteilten Polen und die zum Habsburgerreich gehörenden Böhmen und Kroaten als ständisch verfasste Adelsnationen immerhin über gewisse Autonomierechte verfügten und die in der Batschka und im Banat unter den Ungarn, d. h. im Habsburgerreich lebenden orthodoxen Serben begrenzte konfessionelle Privilegien genossen, waren die ins Königreich Ungarn integrierten, also habsburgischen Slowaken, die ebenfalls zu Österreich, genauer zu den Kronländern Steiermark, Kärnten und Krain gehörenden Slowenen, die auf Preußen und Sachsen aufgeteilten Sorben, die im Zaren- und Habsburgerreich, vornehmlich unter einer polnischen Oberschicht lebenden Ukrainer sowie die osmanischer Herrschaft unterworfenen Serben und Bulgaren als nationale Gruppen politisch gänzlich rechtlos. Sie besaßen zumeist auch keine eigene adlige oder städtische Elite, da sich ihre Oberschichten durchweg an die jeweils tonangebenden, fremdnationalen (deutschen, polnischen, ungarischen, italienischen, griechischen) Eliten assimiliert hatten und sich erst im Ergebnis der sogenannten nationalen Wiedergeburt überhaupt auf ihre jeweilige slawisch-nationale Identität besannen.

Slawische kulturelle Wechselseitigkeit.   Zu Beginn des 19. Jahrhunderts hatten die Versprechungen Napoléons die aufkeimenden nationalpolitischen Hoffnungen weiter genährt, diese am Ende aber überall tief enttäuscht. Nach dem Wiener Kongress wurde die Fremdherrschaft umso drückender empfunden. Dessen ungeachtet ist die Vorstellung von einer durch gemeinsame Sprache, Frühgeschichte und Kultur konstituierten slawischen

Gemeinschaft, die Idee von der *einen* slawischen Nation, wie sie seit den 1780er-Jahren auch bereits der böhmische Aufklärer Josef Dobrovský vertrat und für die der Slowake Jan Herkel 1826 den Begriff «Panslawismus» prägte, zunächst nicht primär politisch gedacht und instrumentalisiert worden. Den frühen (west)slawischen Vertretern dieser Idee ging es in erster Linie um die Profilierung und Förderung einer sprachlichen und kulturellen Gemeinsamkeit. Nur in diesem Sinn rief der Slowake Ján Kollár, der 1817–1819 in Jena studiert, tief beeindruckt am Wartburgfest teilgenommen hatte, anschließend als Pfarrer der lutherisch-slowakischen Kirchengemeinde in Budapest und seit 1849 als Professor für Slawische Altertümer in Wien tätig war, 1824 die «verstreute[n] Slawen» dazu auf, sich «zu einem Ganzen zusammen[zu]schließen und nicht länger bloß Fragmente [zu] sein». In seinem 1836/1837 entwickelten Konzept einer «slawischen Wechselseitigkeit» charakterisierte er die Slawen als eine in vier Stämme mit vier Mundarten (Russisch, Polnisch, Tschechisch und Illyrisch, d. h. Serbokroatisch) gegliederte «Nation», relativierte die politische Dimension der gedachten Einheit aber erheblich. Nicht durch irgendeinen politischen Zusammenschluss sollte sie realisiert werden, sondern lediglich durch die Förderung von Schulen, Lehrstühlen für slawische Sprachen, Buchhandlungen, Zeitschriften, Kongressen, Reisen sowie die Pflege einschlägiger Briefwechsel unter den Intellektuellen.

Zu Letzteren gehörte Kollárs slowakischer Landsmann, Pavel Jozef Šafářik, der 1815–1817 ebenfalls Student in Jena, 1818–1833 Lehrer am serbisch-orthodoxen Gymnasium im südungarischen Novi Sad und seit 1833 in Prag tätig war. Er fundierte das Konzept der slawischen Wechselseitigkeit wissenschaftlich, was ihn (neben Josef Dobrovský und dem an der Wiener Hofbibliothek tätigen Slowenen Jernej Kopitar) zu einem der Gründungsväter der Slawistik werden ließ. Seine 1826 auf Deutsch publizierte «Geschichte der slawischen Sprache und Literatur nach allen Mundarten» führte die slawische Einheit als Summe der sprachlich-literarischen Individualitäten aller slawischen Völker vor Augen. In seinen archäologischhistorisch-ethnographischen Studien, vor allem in den 1837 auf Tschechisch publizierten «Slawischen Altertümern» (*Starožitnosti slovanské*), suchte er das gemeinsame Slawentum dann vor allem in einer quellenkundlich akribisch aufgearbeiteten slawischen Frühgeschichte.

Anders als Kollár und Šafářik hofften, beförderte ihre Slawische Idee keineswegs den kulturell-mentalen Zusammenschluss aller Slawen. Mochte die Mehrzahl der slawischen Intellektuellen auch an der Vorstellung festhalten, dass die Slawen im Grunde *ein* in Stämme aufgeteiltes Volk bildeten, so inspirierten die Beschreibungen slawischer Geschichte, Literatur und Sprache, die ja stets auch die individuellen Charakteristika der einzelnen slawischen Stämme betonten, im Gegenteil doch eher das individuelle nationale Erwachen der einzelnen Völker. Nicht nur die jüngere, um den Pressburger Dozenten für Slawische Sprachen Ľudovít Štúr gescharte slowakische Generation deutete die Slawische Idee in den 1830–40er-Jahren in ein Kampfmittel um, mit dessen Hilfe es in erster Linie die sprachlichen, kulturellen und letztlich auch politischen Interessen der eigenen Nation zu vertreten galt – und dies im Zweifelsfall auch gegenüber anderen slawischen Nationen. So wehrten sich die Slowaken mit ihrem von Štúr zur slowakischen Schriftsprache erhobenen Dialekt nicht nur gegen ungarische Magyarisierungsdekrete, sondern grenzten sich auch bewusst von den Tschechen ab. Bei diesen wiederum lehnten nun Denker wie Karel Havlíček den allslawischen Patriotismus ab, obwohl sie in ihrer Jugend noch seine begeisterten Anhänger waren. Den Journalisten Havlíček hatte eine 1842–1844 durchgeführte Reise durch Polen und Russland so gründlich desillusioniert, dass in ihm, wie er 1846 schrieb, der «letzte Funke panslawischer Liebe» erlosch und er «nach Prag als reiner unnachgiebiger Tscheche zurück[kehrte], mit einem insgeheimen Missfallen an dem Begriff Slawe».

Südslawischer Illyrismus und polnischer Messianismus. Auch bei den Südslawen drängten nationale Einzelegoismen zu Beginn der 1840er-Jahre die Slawische Idee deutlich zurück. Diese hatte bei Slowenen und Kroaten, ansatzweise auch bei den Serben im «Illyrismus» eine besondere Gestalt angenommen. Der Begriff ging auf eine Verknüpfung der Balkanslawen mit den antiken Illyrern zurück und besaß in den Napoléonischen *Provinces Illyriennes*, die Slowenen und Kroaten kurzzeitig in einer französischen Verwaltungseinheit zusammengefasst hatten, einen gewissen aktuellen Realitätsbezug. Der Illyrismus strebte, maßgeblich inspiriert durch die Kroaten Ludevit Gaj und Janko Drašković, wenigstens eine teilregionale, südslawische Verwirklichung der slawischen Einheitsidee an. Dabei stießen allerdings von Anfang an die Dominanzansprüche der Kroaten und Serben aufeinander. Letztere hatten den Osmanen bereits 1830 einen begrenzten Autonomiestatus abringen können und reklamierten, wie die Kroaten, die slawischsprachige Bevölkerung Bosniens und der Herzegowina für sich. Die aus ihrer mittelalterlichen Reichsgeschichte abgeleitete Konzeption eines Großserbiens prallte auf die ähnlich begründete kroatische Vorstellung von einem Großkroatien. Beides vertrug sich wenig mit slawischer Einheit und Wechselseitigkeit. Die Slowenen, in denen der slowenische Dichter Valentin Vodnik die wahren Illyrer sah, widersetzten sich den kroatischen Vormachtansprüchen ebenso wie die Bulgaren jenen der Serben, mit denen sie im Übrigen nicht nur über die slawischsprachige Bevölkerung Mazedoniens in offenem, zeitweise auch militärisch ausgetragenem Streit lagen. Sowohl bei den Slowenen als auch bei den Serben bestanden die Vorkämpfer der nationalen Emanzipation (der slowenische Dichter France Prešern und der serbische Philologe Vuk Karadžić) zudem auf der Profilierung eigener Schriftsprachen, sodass die von Ludevit Gaj verfolgte Idee einer umfassenden illyrischen Sprachnormierung Theorie blieb.

Eine ganz eigene Interpretation der Slawischen Idee vertraten die Polen, die das allslawische Konzept in erster Linie als Hebel zur Wiedererlangung ihrer eigenen Staatlichkeit begriffen. Dabei setzten sie anfänglich auf Russland, unter dessen Oberherrschaft 1815 große Teile ihres Territoriums in einem «Königreich Polen» zusammengeführt worden waren. Die von adligen Aufklärern wie Stanisław Staszic gehegte Hoffnung, Polen und Russen könnten als die beiden bedeutendsten slawischen Völker gemeinsam eine neue, weil slawisch geprägte Menschheitsepoche heraufführen, ging unter dem Joch zarischer Unterdrückung freilich rasch verloren. An ihre Stelle trat spätestens seit der gescheiterten Erhebung gegen die russische Fremdherrschaft von 1830/31 ein polnischer Messianismus, der den katholischen Polen als der vermeintlich vornehmsten slawischen und zugleich christlichsten Nation eine besondere Mission zuschrieb. Polnische Romantiker wie der zu Beginn der 1840er-Jahre in Paris lehrende Adam Mickiewicz verklärten ihre Nation zum leidenden Messias der slawischen Völker, dessen Opfer die Slawen und Europa von dem (als nicht-slawisch, weil als asiatisch-despotisch charakterisierten) Antichrist Russland erlösen würde. Gleichzeitig träumten polnische Demokraten wie der Historiker Joachim Lelewel von einer slawischen Föderation unter polnischer Führung, mit der sie im Grunde aber nichts anderes als eine wiederhergestellte polnische Adelsrepublik anstrebten.

Austroslawismus. Die unterschiedlichen sozio-kulturellen Hintergründe und divergierenden politischen Interessen der einzelnen slawischen Völker standen sich weiterhin einigermaßen im Wege, als die Revolutionsereignisse des Frühjahrs 1848 Europa erschütterten. Die durch den bürgerlich-nationalen Aufruhr beschleunigten deutschen und italienischen Einigungsbewegungen, die mit ihnen verbundenen Aussichten der Ungarn auf einen magyarischen Nationalstaat und die Hoffnungen der Polen, mit der Revolution eine neue Chance zur Wiedererrichtung ihres Staates ergreifen zu können, versetzten die Vertreter der kleineren slawischen Völker in erhebliche Sorge. Die Tschechen und Slowenen mussten fürchten, von einem deutschen Nationalstaat absorbiert zu werden, die Slowaken, Kroaten, Karpathoukrainer und die in Ungarn lebenden Serben der Möglichkeit ins Auge sehen, in einem verselbstständigten Ungarn aufzugehen und dabei einer einheitlichen ungarischen Staatssprache unterworfen zu werden. Mit der Vereinigung Italiens und der Wiederherstellung Polens wären zudem nicht nur weitere slawischsprachige Bevölkerungsteile einem fremden Nationalstaat einverleibt worden, sondern auch das Habsburgerreich von der politischen Landkarte verschwunden.

Erst angesichts dieser Aussichten, ja Bedrohungen drängte es die Führer der habsburgischen slawischen Nationalbewegungen zu einer gemeinsamen Erörterung ihrer Zukunftsperspektiven. Bereits Ende März 1848 begaben sich verschiedene Abordnungen nach Wien, um dem Kaiser ihre politischen Erwartungen und Forderungen vorzutragen. Bei dieser Gelegenheit trafen die in die Reichshauptstadt gekommenen Slawen-Vertreter nicht nur untereinander, sondern auch mit der bunten, regen und großen slawischen Kolonie Wiens zusammen. Als eine dieser Zusammenkünfte Anfang April zu einer von fast 3000 Personen besuchten «nationalen Feier» geriet, hielt der mährische Journalist Jan Ludmil Stájský begeistert fest: «Die slawische Eintracht und Wechselseitigkeit [...] beginnt jetzt Wirklichkeit zu werden [...]. Die von allen Seiten her drohende Gefahr zwingt uns, dass wir veraltete Eifersucht beiseite lassen und uns gegenseitig die Hände reichen, denn nur so werden wir einen Standpunkt einnehmen können, der uns Achtung bei fremden Völkern und Angst bei unseren Feinden hervorruft.»

Der Kroate Ivan Kukuljević-Sakcinski, der Slowake L'udovit Štúr und der Pole Jędrzej Moraczewski griffen im April diese Stimmung unabhängig voneinander in Zagreb, Prag und Posen auf und regten nach dem Vorbild der Frankfurter Paulskirchen-Versammlung ein ähnliches gesamtslawisches Treffen an. Tatsächlich versammelten sich Anfang Juni 1848 dann über 350 Vertreter der slawischen Völker des Habsburgerreiches auf der Prager Sophieninsel zu einem ersten «Slawenkongress». Die Versammlung, an der als «Gäste» auch einige nicht-österreichische Slawen (wie der polnische, in Posen wirkende Publizist Karol Libelt, der sorbische, zunächst an der Universität Leipzig, dann in Prag arbeitende Slavist Jan Pětr Jordan oder der im Genfer Exil lebende russische Anarchist Michail Bakunin) teilnahmen, stellte sich drei Aufgaben: Sie wollte ein Manifest an die Völker Europas erlassen, in einer Petition an den Kaiser die bestehenden nationalen Forderungen der einzelnen Nationalitäten fixieren und Möglichkeiten einer engeren Kooperation unter den habsburgischen Slawen erörtern. Die Debatten, in denen immer wieder auch die zahlreichen innerslawischen Kontroverspunkte zum Vorschein traten, waren geprägt von der Angst vor der Übermacht eines deutschen Nationalstaates und der Vorherrschaft der russischen «Universalmonarchie». Auch der polnische Messianismus verschreckte die Kongressteilnehmer und ließ sie von einer, von Libelt vertretenen umfassenden panslawischen Strategie rasch Abstand nehmen. Stattdessen verständigte man sich unter der Leitung des tschechischen Historikers František Palacký auf eine abgeschwächte, föderal-österreichische Variante der Slawischen Idee (die erst später als «Austroslawismus» bezeichnet wurde). Die Grundidee dieser Variante hatte Palacký zuvor bereits in seinem berühmten Absagebrief an die Frankfurter Nationalversammlung formuliert. In ihm wies er als «Böhme slawischen Stammes» das deutsche «Verlangen, Österreich (und mit ihm Böhmen) [...] volkstümlich an Deutschland an[zu]schließen» als «eine Zumuthung des Selbstmords» zurück. Zugleich erklärte er die «Erhaltung, Integrität und Kräftigung» des österreichischen Kaiserstaates für unverzichtbar, denn existierte er «nicht schon längst, man müsste im Interesse Europas, im Interesse der Humanität selbst sich beeilen, ihn zu schaffen». Freilich müsse dieser Staat, der im Übrigen «von der Natur und Geschichte berufen» sei, «Europa's Schild und Hort gegen asiatische Elemente aller Art zu bilden», auch ernsthaft dem «Grundsatz der vollständigen Gleichberechtigung und Gleichbeachtung aller unter seinem Scepter vereinigten Nationalitäten und Confessionen» zur Geltung verhelfen. Ganz in diesem Sinn sprach sich der Kongress am Ende für den Fortbestand des Habsburgerreiches aus, verlangte aber dessen Umwandlung in einen trialistischen «Föderativstaat», der es nicht nur den Deutschen und Ungarn, sondern auch den Slawen ermöglichen würde, «das teuerste Gut der Menschheit, die freie, selbständige Entwicklung der Nationalität [...] in Anspruch [zu] nehmen».

Das von Palacký endredigierte, von der Versammlung zwar beschlossene, aber nicht endgültig verabschiedete Manifest forderte denn auch Freiheit, Gleichheit und Brüderlichkeit nicht nur für jedes einzelne Individuum, sondern vor allem für jedes einzelne Volk. Der «Bildung eines Slawenstaates» erteilte der Kongress dagegen im Entwurf seiner Petition an den Kaiser eine deutliche Absage. Manifest und Petition konnten wie auch ein drittes vorbereitetes Kongressdokument, ein «Bundestraktat der österreichischen Slawen», nicht mehr offiziell verabschiedet werden, da die Versammlung von den kaiserlichen Truppen nach Ausbruch des Prager Pfingstaufstandes am 12. Juni noch am gleichen Tag aufgelöst wurde. So blieb der Kongress formal ohne Ergebnis, wie sich auch die Pläne in Luft auflösten, ihn in jährlichen Treffen zu institutionalisieren. Dennoch sind seine Debatten nicht ohne Wirkung geblieben. Mit der Idee einer Föderalisierung Österreichs, die der Reichstag von Kremsier 1849 tatsächlich in seinen Verfassungsentwurf aufnahm, war – auch wenn sie zusammen mit der Verfassung sogleich wieder kassiert wurde und spätestens im österreichisch-ungarischen Ausgleich von 1867 endgültig scheiterte – ein Politikkonzept formuliert worden, das den österreichischen Slawen bis zum Ersten Weltkrieg als maßgebliche Richtschnur diente und ihrem Identitätsdiskurs wichtige Impulse verlieh.

Slawophilie und Panslawismus. Unterdessen führte eine kleine intellektuelle russische Elite unter dem Schlagwort «Slawophilentum» einen eigenen Identitätsdiskurs. Anders als der Begriff suggeriert, hatte dieser wenig mit den west- und südslawischen Ideen von slawischer Einheit und Wechselseitigkeit zu tun. Diese waren im Zarenreich auch deshalb fast ohne Resonanz geblieben, weil sie der Autokratie ganz unerwünscht erschienen. Einen Zerfall des Habsburgerreiches und einen Anschluss seiner slawischen Völker an Russland, wie ihn 1848 der eine oder andere russische Slawophile vielleicht erwog, hielt der streng legitimistisch denkende Zar, wie seine militärische Intervention zur Niederschlagung der ungarischen Revolution zeigte, für ganz ausgeschlossen. «Slawophile» wie Aleksej S. Chomjakov, Ivan V. Kireevskij oder Konstantin S. Aksakov hatten im Übrigen kaum Interesse an der Geschichte und Kultur anderer slawischer Völker. Ihre geschichts- und religionsphilosophische Auseinandersetzung mit den sogenannten russischen «Westlern» war allein von der Frage nach dem Verhältnis Russlands zu Westeuropa bzw. der Bestimmung des Weges, den Russland mit Blick auf seine historische Mission in Zukunft zu gehen habe, bestimmt. Ihre rigorose Ablehnung der aufgeklärt-rationalen Lebensweise des Westens und ihre Verherrlichung der altrussisch-orthodoxen Kultur machten ihre Slawophilie tatsächlich zu einer Russophilie.

Aber nicht nur bei den Slawophilen rückten andere slawische Völker allenfalls dann ins russische Blickfeld, wenn sie wie die orthodoxen Südslawen als Instrumente russischer Außenpolitik von Interesse waren. So war auch der nach der russischen Niederlage im Krimkrieg (1856) hervortretende explizite russische Panslawismus letztlich nichts anderes als ein Panrussismus, ein das Slawentum vereinnahmender großrussischer Nationalismus. Diese Variante der Slawischen Idee wurde insbesondere von dem Historiker Michail Pogodin und dem Naturwissenschaftler Nikolaj Ja. Danilevskij propagiert, aber auch von Literaten wie Fedor Tjutčev und Fedor Dostojevskij vertreten. In einem 1857/58 gegründeten Slawischen Wohltätigkeitskomitee fand sie eine gewisse institutionelle Basis, die im Mai 1867 in Moskau auch die Durchführung eines zweiten «Slawenkongresses» ermöglichte. An ihm nahmen zahlreiche Tschechen, Slowaken, galizische Ukrainer und Südslawen – nicht aber die 1863 in einem erneuten Aufstand den Russen unterlegenen Polen – teil. Nicht wenige Teilnehmer, so der slowenische Pfarrer und Sprachforscher Matija Majar-Ziljski, erhofften sich von einem Zusammengehen mit Russland angesichts des gerade vereinbarten österreichisch-ungarischen Ausgleichs, der die habsburgischen Slawen erneut zurücksetzte, neuen Auftrieb für ihre nationale Sache. Allerdings strebten die russischen Panslawen ihrerseits einen slawisch-orthodoxen Großstaat unter Führung Russlands an, der wenig Raum für west- und südslawische Eigenständigkeiten gelassen hätte. Darüber wurden die Teilnehmer des Kongresses auch keineswegs im Unklaren gelassen, stellten ihnen ihre russischen Gastgeber, so der Slawist und Historiker Vladimir I. Lamanskij, doch die Annahme der Orthodoxie und der russischen Sprache durch alle Slawen als eine unverzichtbare Voraussetzung der angestrebten slawischen Einheit vor Augen. Dass der Kongress unter diesen Umständen gänzlich erfolglos blieb, konnte nicht überraschen.

Die zarische Regierung versagte sich zunächst eine allzu offene Unterstützung der panslawischen Bestrebungen, erkannte aber durchaus deren legitimationsstiftendes Potenzial. Im Kontext ihrer Balkanpolitik hat sie in den 1870er-Jahren auch Gebrauch von ihnen gemacht, verriet die panslawische Idee in den Augen ihrer Anhänger aber sogleich wieder, als sie 1878 die Hälfte des im Russisch-Türkischen Krieg eroberten bulgarischen Gebietes an die Osmanen zurückgab. Die auf dem Berliner Kongress herbeigeführte Revision des russischen Sieges über die Türken hat dem Panslawismus, der auch innerhalb der russischen Gesellschaft kaum spürbare Wirkung entfaltete, als machtpolitisch-ideologisches Instrument den Wind aus den Segeln genommen. Erst im 20. Jahrhundert sollten von russischer bzw. sowjetischer Seite unter gänzlich veränderten Bedingungen noch einmal kurzlebige Versuche einer großrussischnationalistischen Instrumentalisierung der Slawischen Idee unternommen werden.

Neoslawismus. Gegen Ende des «langen 19. Jahrhunderts» verfolgten slawische Journalisten und Abgeordnete in den Wiener und St. Petersburger Parlamenten zunächst den nicht weniger kurzlebigen Versuch, die föderal-habsburgische und die imperial-russische Variante der Slawischen Idee zu einem Ausgleich zu bringen. Ihr «Neoslawismus» war einerseits ein Abwehrkonzept gegen den immer offensiveren wilhelminischen Imperialismus, andererseits eine Reaktion auf die russische Niederlage im Russisch-Japanischen Krieg und die erste Russische Revolution (1905). Die veränderte Weltlage legte eine Neubestimmung der innerslawischen Beziehungen nahe und belebte die bereits im ausgehenden 19. Jahrhundert insbesondere bei den Tschechen erneut aufgeflammten austro- bzw. allslawischen Diskussionen. Die vorsichtige Liberalisierung und

Teilparlamentarisierung der russischen Gesellschaft nahm dem Panslawismus zugleich etwas von seiner imperialen, großrussischen Schärfe. So sprach sich der russische Journalist Vsevolod P. Svatkovskij zu Beginn des Jahres 1906 für eine neue «Slawische Union» aus, die von russischer Dominanz ausdrücklich Abstand nehmen sollte. Statt großrussischer Vorherrschaft, Orthodoxie und russischer Sprache sollten politische Gleichberechtigung, religiöse Toleranz und nationale Autonomie für alle Nationen die neue slawische Einheit bestimmen. Mit Blick auf dieses Ziel warb Svatkovskij für wechselseitige Besuchs- und Austauschprogramme, Kongresse, Wirtschaftskontakte, ja sogar für eine Zollunion zwischen Russland und Österreich.

Dieses russische Entgegenkommen wurde von habsburgischen Slawen wie dem Slowenen Ivan Hribar, dem galizischen Ukrainer Mykola Hlibovyc'kyi und dem Tschechen Karel Kramář gern aufgegriffen. Vor allem Kramář begrüßte die Aussicht, dass sich Russland und Österreich als die, wie er betonte, beiden größten slawischen Staaten gegen den gemeinsamen Feind Deutschland zusammenschließen könnten. Auf einem Treffen der slawischen Abgeordneten im Wiener Reichsrat schlug der Textilunternehmer und Führer der Jungtschechischen Partei im November 1907 seinen Mitparlamentariern daher vor, auf die neue «slawische Idee» zu setzen, die sich das demokratische Prinzip «Freiheit, Gleichheit, Brüderlichkeit» auf die Fahnen schreibe. Als das größte Hindernis zu ihrer Realisierung bezeichnete er den tiefen polnisch-russischen Konflikt, um dessen Überwindung sich (aus jeweils nationalpolitisch-taktischen Motiven) zur gleichen Zeit auch der russische konstitutionell-demokratische Politiker Petr B. Struve und der polnische nationaldemokratische Duma-Abgeordnete Roman Dmowski bemühten.

So vorbereitet erlebte die neoslawische Idee im Juli 1908 ihren Höhepunkt, als sich 83 Delegierte aller slawischen Nationen (mit Ausnahme der Slowaken, Sorben, der Polen aus dem deutschen Teilungsgebiet und der Ukrainer aus Galizien) zu einem sehr kurzfristig vorbereiteten zweiten «Prager Slawenkongress» trafen. Die Brünner Tageszeitung Lidové Noviny erkannte das Anliegen der Versammlung darin, «aus der slawischen Wechselseitigkeit, welche bisher eine Sache des Gefühls war und ist, ein[en] Hebel zur wirtschaftlichen und kulturellen und dadurch auch des politischen Fortschritts der slawischen Völker zu machen». In diesem Sinn erörterte man Möglichkeiten einer wirtschaftlichen Kooperation (u. a. das Projekt einer «Slawischen Bank» und einer slawischen Industrieausstellung), den Bau von Eisenbahnverbindungen zwischen den «slawischen Hauptstädten», Perspektiven eines kulturellen und wissenschaftlichen Austausches, die Gründung gemeinsamer Institutionen und erwog die Organisation eines auf die slawischen Länder orientierten Tourismus. Eine gemeinsame Deklaration beteuerte zum Abschluss der Beratungen «die Lebensfähigkeit und Fruchtbarkeit der Idee einer allgemeinen slawischen Vereinigung» und hielt es für «unumgänglich notwendig, dass die Unstimmigkeiten und Missverständnisse unter den slawischen Völkern beseitigt werden, was einzig durch allgemeine Anerkennung und Anwendung der Grundsätze der Gleichberechtigung und der freien Entwicklung jedes Volkes, durch Anerkennung seiner kulturellen und nationalen Besonderheit» gelingen könne.

Die frommen Wünsche und hehren Hoffnungen lösten sich ebenso rasch in Luft auf wie die ausgetauschten Ideen und geschmiedeten Pläne. Schon drei Monate nach Kongressende holte die (von einer Mehrheit der slawischen Abgeordneten im Wiener Reichsrat begrüßte) Annexion Bosniens und der Herzegowina durch Österreich-Ungarn die Neoslawen auf den Boden der Realität zurück. Auch die fortgesetzten serbisch-bulgarischen und polnisch-russischen Spannungen gaben letztlich jenem britischen Beobachter recht, der den Kongress für nichts als «a great theatrical exhibition of Slav solidarity» hielt. Der Erste Weltkrieg, in dem in den deutschen, österreichischen und russischen Armeen Hunderttausende Slawen gegen Slawen kämpften, die Pariser Friedensverhandlungen, auf denen die Wortführer der slawischen Nationen jeweils nur ihr partikulares Nationalstaatsprojekt im Auge hatten, und die im na-

tionalstaatlich neu geordneten östlichen Europa besonders
konfliktreiche Zwischenkriegszeit haben einer neoslawischen
Solidarität keine Chance gelassen. Mochte der Neoslawismus in
der 1918 erfolgten Gründung eines südslawischen Königreiches
der Serben, Kroaten und Slowenen (seit 1929 Jugoslawien) und
dessen Zusammenarbeit mit der ersten Tschechoslowakischen
Republik (Kleine Entente) auch eine gewisse, partielle Nach-
wirkung entfaltet haben, so blieb er letztlich ein politisch ein-
flussloses Projekt.

2. Die Slawen in der germanisch-deutschen Außensicht

Eine sehr konkrete Wirkung zeitigten Neoslawismus, Panslawismus und Austroslawismus dagegen bei den nichtslawischen
Völkern Europas. In ihren Slawen-Diskursen wurde «Panslawismus» zur Chiffre für alle erdenklichen vom «Slawentum»
ausgehenden «Gefahren». Vor allem die Deutschen leiteten aus
den von außen schwer durchschaubaren allslawischen Kon-
strukten geradezu die Obsession einer «slawischen Bedrohung»
ab. Sie nahmen den «Panslawismus» als Angriff sowohl auf ihre
traditionelle (österreichische und preußische) Vormachtstellung
als auch auf ihre eigene, noch junge nationale Einigungsbe-
wegung wahr. Dabei konstruierten sie in noch stärkerem Maße
als die Slawen selber eine vermeintliche slawische Einheit und
sprachen von «Slawentum» oder «den Slawen» oft auch dann,
wenn sich ihre konkrete Anti-Haltung nur gegen eine bestimmte
oder mehrere einzelne, nicht aber gegen alle slawischen Nationen als Gesamtheit richtete.

In diesem ebenso unreflektierten wie undifferenzierten Anti-
slawismus mischten sich eine diffuse Angst vor einem un-
bekannt-unheimlichen, mächtig-riesigen Russland mit älteren
Vorbehalten, wie sie beispielsweise den «Wenden» im eigenen
Reich seit dem späten Mittelalter in Gestalt des Stereotyps der
Unehrlichkeit entgegengebracht wurden. Herders romantische
Slawenverklärung war denn auch nicht ohne antislawische
Kommentare geblieben. Hegels Erklärung, dass er die Slawen
(«die große slawische Nation») in seinen «Vorlesungen über die

Philosophie der Geschichte» (1822–1831) ignoriere, weil «diese ganze Masse [...] bisher nicht als ein selbstständiges Moment in der Reihe der Gestaltungen der Vernunft in der Welt aufgetreten» sei, war in diesem Zusammenhang – ähnlich wie Leopold von Rankes Ausschluss der Slawen aus dem romanisch-germanischen Geschichtsbild (1824) – noch eine mild-neutrale Variante. Andere äußerten sich deutlicher und verwiesen, wie der Göttinger Jurist und Historiker Johann Friedrich Reitemeier (1801), beispielsweise auf «die Unreinlichkeit bei den Slaven», die ihnen «von den frühesten Zeiten an» eigen sei, oder meinten, wie August Wilhelm Schlegel (1803), dass man «aus einer ungemischt slavischen Nation [...] schwerlich etwas sehr achtenswerthes» machen könne, die Slawen vielmehr «überall und unter allen Umständen zur Sklaverey bestimmt» seien.

Angesichts solcher Einschätzungen hielten zahlreiche deutsche Gelehrte und Publizisten den «Uebergang vieler slawischer Länder zu deutscher Art und Sitte», wie der brandenburgische Gymnasialrektor Moritz Wilhelm Heffter es 1847 formulierte, für «die notwendige Folge des culturhistorischen, geistigen und moralischen Uebergewichts, das immer der Gebildete über den Ungebildeten erlangt». Folglich wurde die deutsch-slawische Beziehungsgeschichte immer öfter als das zwangsläufige Ergebnis eines Vorgangs angesehen, bei dem die Deutschen aufgrund eines vermeintlich gesetzmäßig-überzeitlichen West-Ost-Gefälles geradezu naturhaft dazu gedrängt worden seien und weiter gedrängt würden, die (mit Ausnahme der Russen) zu politischer Selbstorganisation unfähigen Slawen ihrer politischen Herrschaft zu unterwerfen, um ihnen Kultur und Zivilisation zu bringen.

Die liberal-demokratische Polenbegeisterung der 1830er-Jahre hat sich dieser Haltung, die schon Zeitgenossen im Schlagwort vom «deutschen Drang nach Osten» markant auf den Punkt brachten, noch eine Zeit lang entgegengestemmt. Doch in der bürgerlich-nationalen Revolution von 1848 knickten auch die Liberalen ein, gingen die freundlich-positiven Stimmen unter, wurden Polen, Russen und die übrigen Slawen gemeinsam als «slawische Gefahr» stigmatisiert. In der Frankfurter

Paulskirche setzte sich der «gesunde Volksegoismus» durch, auf den der liberale Abgeordnete Wilhelm Jordan die erste deutsche Nationalversammlung einschwor, als er den Anhängern einer Wiederherstellung Polens in den Grenzen von 1772 «schwachsinnige Sentimentalität» vorwarf und dazu aufrief, sich stattdessen offen zur deutschen kulturellen Überlegenheit und dem daraus abgeleiteten Recht auf Eroberung zu bekennen.

Selbst radikale Linke wie Friedrich Engels schlossen sich diesem «Volksegoismus» an und erklärten (1849 in der Neuen Rheinischen Zeitung), dass jede deutsche Eroberung slawischer Gebiete «im Interesse der Zivilisation» liege, da die Deutschen im Osten die Träger des Fortschritts seien, denen gegenüber das Slawentum, «diese kleinen verkrüppelnden, ohnmächtigen Natiönchen», dieser «Völkerabfall», nur «den barbarischen Osten» repräsentiere. Damit war der Ton angeschlagen, der die deutsche Außensicht auf die slawische Welt bis über die Mitte des 20. Jahrhunderts hinaus bestimmen sollte.

Das Bild von den kulturlosen, zu eigener Staatsbildung unfähigen, daher von den Deutschen zu zivilisierenden und ihrer politischen Ordnung zu unterwerfenden Slawen ist in zahllosen Zeitungsberichten und Reportagen, in politischen Reden und Traktaten, gelehrten Abhandlungen und wissenschaftlichen Studien, in Romanen und anderen fiktionalen Texten in der Folge vielfältig variiert, ausgemalt und kolportiert worden. Zugleich wurde es in eine spezifische Beziehung zu einem anderen wirkmächtigen Stereotyp gesetzt – dem sich parallel ausbreitenden Antisemitismus. Schon in Gustav Freytags 1855 erschienenem Erfolgsroman «Soll und Haben», einem zentralen Selbstverständigungstext des nationalliberalen Bürgertums, vermischten sich antislawische und antisemitische Ressentiments, kündigte sich aber auch bereits das spätere rassisch-völkische Denken an. Dem Historiker Heinrich von Treitschke, der 1862 das Vorgehen des Deutschen Ordens gegen Pruzzen und Slawen bereits als einen «Rassenkampf» darstellte, erschien die deutsche Überlegenheit so groß, dass sich die Slawen seines Erachtens glücklich schätzen durften, «wenn sie germanisiert wurden».

Die aus solchen Gedanken schon seit den 1840er-Jahren

(etwa von dem Wirtschaftstheoretiker Friedrich List und dem Journalisten Gustav Höfken) vereinzelt abgeleiteten Konzepte einer offensiv-aggressiven deutschen Ostexpansion blieben noch ein Weile ohne größere öffentliche Resonanz. Die Reichsgründung hatte 1871 die nationalpolitischen Ansprüche vorübergehend «saturiert», während Bismarcks Bemühungen um einen Ausgleich mit Österreich und Russland den kleindeutschen Vormachtträumen für eine kurze Zeit auch noch einen politischen Riegel vorschoben. Seit den 1880er-Jahren wurden die Stimmen dann aber lauter, die sowohl ein energisches Vorgehen gegen die vermeintlich innere «slawische Gefahr» forderten als auch ein offensiv-imperiales deutsches Kulturträgertum im Osten propagierten.

Innerhalb des Deutschen Reiches richtete sich der antislawische Diskurs in erster Linie gegen die polnischsprachige Minderheit, die mit 2,2 Mio. Angehörigen 5,2 % der reichsdeutschen und 10 % der preußischen Gesamtbevölkerung ausmachte. Demgegenüber fielen die etwa 200 000 in der Nieder- und Oberlausitz lebenden Sorben kaum ins Gewicht. Sie waren nahezu vollständig assimiliert und fühlten sich – anders als die Mehrzahl der in den preußischen Ostprovinzen lebenden Polen – als reichsdeutsche (sächsische bzw. preußische) Staatsbürger. Dennoch sahen sich die sächsischen und preußischen Behörden von den harmlosen Bemühungen sorbischer Lehrer und Pastoren, ihre sorbische Sprache und Kultur zu pflegen, so stark herausgefordert, dass sie diese als eine von in- und ausländischen «Panslawisten» gesteuerte Verschwörung denunzierten und mit ähnlich scharfen Maßnahmen die «wendische Frage» zu lösen versuchten wie die «polnische Frage».

Zu Letzterer hatte der preußische Gesandte in St. Petersburg, Otto von Bismarck, bereits 1861 recht rabiate Vorstellungen artikuliert. In einem Brief an seine Schwester räsonierte er: «Haut doch die Polen, dass sie am Leben verzagen; ich habe alles Mitgefühl für ihre Lage, aber wir können, wenn wir bestehn wollen, nichts anderes thun, als sie ausrotten.» Als Reichskanzler initiierte er dann nicht nur einen Kulturkampf, der von starken antipolnischen Tendenzen geprägt war, sondern verfolgte auch eine Germanisierungspolitik, die auf die vollständige Entnationalisierung der polnischen Bevölkerung abzielte. Schon 1873 wurde zu diesem Zweck das Polnische als Unterrichtssprache verboten, 1876 der ausschließliche Gebrauch des Deutschen vor allen Behörden und politischen Körperschaften vorgeschrieben. Seit 1886 versuchte der preußische Staat, in den Provinzen Westpreußen und Posen systematisch deutsche Bauern auf zuvor polnischem Grundbesitz anzusiedeln, den er zu diesem Zweck seit 1908/12 ganz entschädigungslos enteignete.

Auch diese antipolnischen Maßnahmen wurden mit dem Hinweis auf die drohende «slawische Gefahr», die unakzeptable «polnische Wirtschaft» und die deutsche kulturelle und staatliche Überlegenheit legitimiert. Als ein neues Argument trat die 1882 reichsweit eingeführte Kriminalstatistik hinzu. Sie verzeichnete für die preußischen Ostprovinzen eine deutlich höhere Kriminalitätsrate als für das Gesamtreich, was sogleich auf deren überwiegend polnische Bevölkerung zurückgeführt wurde. In einer bezeichnenden Vermengung kriminalpolitischer, rassenideologischer und antislawischer Argumentationsmuster wurden «Rasse und Nationalität», wie ein Brieger Nervenarzt 1893 formulierte, als «wichtige biologische Faktoren des Verbrechens» angesehen. Der «wahre Grund für die hohe Kriminalitätsrate in den Ostprovinzen», so der Brieger Arzt weiter, könne daher nur in der «Degeneration» ganzer polnischer Bevölkerungsteile gesehen werden, die «über Generationen hinweg intellektuell und sittlich verwahrlost» seien.

Die aus solchem Denken gespeiste alltägliche Diskriminierung bestimmte das Leben der polnischen und sorbischen Minderheiten nicht nur im späten Kaiserreich. In der Weimarer Republik erfuhr sie im Kontext der Grenzkämpfe und antipolnischen Revisionspolitik vielmehr eine weitere Verschärfung. Dabei kam es immer öfter auch zu offen-gewaltsamen Ausschreitungen. Von den Prügeleien, mit denen polnische Studenten (wie 1919 in Breslau) aus Universitätseinrichtungen getrieben wurden, oder den Überfällen, durch die polnische Einrichtungen (wie im Juli 1920 das Polnische Konsulat in Breslau) verwüstet wurden, war es dann nicht mehr sehr weit bis zu den brutalen und systematischen Verfolgungsmaßnahmen, mit denen die Nationalsozialisten ab 1933 die «Wenden-» und die «Polenfrage» zu «lösen» versuchten.

So wie der im Innern gegen die eigenen polnischen und sorbischen Staatsbürger gerichtete Antislawismus letztlich in den nationalsozialistischen Terror mündete, führte auch die gegen die slawischen Nachbarn gewandte imperial-expansive Slawenfeindschaft des späten 19. Jahrhunderts am Ende in den deutschen Eroberungskrieg. Die völkischen Vordenker des wilhelminischen Imperialismus mögen den systematischen Massenmord des nationalsozialistischen Rassen- und Vernichtungskrieges so vielleicht nicht intendiert haben; ihre ideologischen Konstrukte, geschichtspolitischen Legitimierungen und im Ersten Weltkrieg nicht nur propagierten, sondern vorübergehend auch erreichten Kriegsziele haben dennoch zweifellos dazu beigetragen, den mentalen Boden für die späteren nationalsozialistischen Verbrechen zu bereiten.

Seit Mitte der 1880er-Jahre forderten Gelehrte wie Paul de Lagarde ein großes «Kolonisationswerk», das «nicht in fremden Welttheilen, sondern in unserer nächsten Nähe» zu realisieren sei. Dazu sollten, so der Vorschlag des Göttinger Orientalisten, nicht nur einige dünn besiedelte slowakische Landstriche, sondern ganz Polen annektiert und mit deutschen Kolonisten besiedelt, die Slawen aber verdrängt werden. Diese seien, so erklärte de Lagarde seinen Lesern, nur «eine Last für Europa [...]. Je schneller sie untergehen, desto besser für uns und für sie.» Auch die einschlägigen, in den 1890er-Jahren gegründeten Interessenverbände, wie der Alldeutsche Verband oder der Ostmarkenverein, redeten den Deutschen eine unabwendbare Konfrontation mit der «slawischen Rasse» ein, während Publizisten und Schriftsteller wie der Baltendeutsche Richard Bahr eine «Slawenflut» beschrien, «die von Osten gurgelnd und schäumend andrängt». Kein Wunder, dass sich in der deutschen Öffentlichkeit der Eindruck verfestigte, das Kaiserreich werde als Weltmacht nur bestehen können, wenn es die «slawische Gefahr» militärisch eliminiere. Kaiser Wilhelm II. hielt den

«Kampf zwischen Slawen und Germanen» 1913 für ebenso unumgänglich wie sein Generalstabschef Helmuth von Moltke, der dem bevorstehenden «europäischen Krieg» ebenfalls in erster Linie als einem «Kampf zwischen Germanentum und Slawentum» entgegensah.

Der für das Kaiserreich desaströse Ausgang dieses «Weltentscheidungskampfes», die Desavouierung der im Ersten Weltkrieg verfolgten deutschen Kriegsziele und der als «Schmach» empfundene Pariser Friedensvertrag haben nur kurz desillusionierend und ernüchternd gewirkt. Beinahe umgehend fielen große Teile der deutschen Gesellschaft in die alten imperial-antislawischen Denkmuster zurück. Professoren und Schriftsteller leisteten ihnen dabei weiterhin Schützenhilfe, wobei insbesondere Historiker die vermeintlich schlagkräftigsten geschichtspolitischen Argumente lieferten. Sie führten vor allem die mittelalterliche deutsche Ostsiedlung ins Feld, aus der nicht nur der Mediävist Karl Hampe (1921) einen aktuellen Territorialanspruch auf große Teile des östlichen Mitteleuropa ableitete. Bereits im Ersten Weltkrieg hätte der deutsche Griff nach dem Osten in Hampes Augen nur vollenden sollen, was im Mittelalter «als unfertig abgebrochen» worden sei. Dem legitimen Ziel einer entsprechenden deutschen Ostexpansion habe aber der «panslawistische Haß und Vernichtungsdrang» entgegengestanden. Der durch ihn und die «Westfeinde» erzwungene deutsche Rückzug habe seit 1918 «abermals eine slawische Flutwelle empor[ge]hob[en], die seitdem an die durch den Schmachfrieden von Versailles ohnehin zurückgenommene und durchlöcherte Ostgrenze mit erneuter Wucht brandet».

Die Forderung nach einer Revision der Ostgrenze einte die Weimarer Republik von links bis rechts, doch im rechtsnationalen, völkischen Lager wurden rasch auch wieder darüber hinausgehende Expansionspläne geschmiedet. Die nationalsozialistische Bewegung verlieh diesen Expansionsplänen dann eine ganz neue Dimension. Sie amalgamierte den Antislawismus sowohl mit ihrer Rassenideologie als auch mit dem neuen Feindbild des Bolschewismus und vermengte die dadurch gesteigerten antislawischen Vorstellungen zugleich in unauflöslicher Weise mit dem Antisemitismus. Auf dieser ideologischen Grundlage entwarf der Nationalsozialismus ein weit über die bisherigen imperialen Ostpläne hinausgehendes Programm der Eroberung von neuem «Lebensraum» im Osten. Auch wenn «die Slawen» dabei nach «den Juden» pauschal zum wichtigsten «Rassenfeind» erklärt wurden, blieb das tatsächliche Verhältnis der Nationalsozialisten zu den slawischen Völkern selektiv und situativ. Ihre Verfolgungs- und Vernichtungspolitik richtete sich in erster Linie gegen Russen und Polen, dann auch gegen Ukrainer und Tschechen (sowie die Sorben innerhalb des Reiches), während Kroaten, Slowaken und Bulgaren als Verbündete aus dem nationalsozialistischen Feindbild des «slawischen Untermenschen» de facto ausgenommen blieben.

Schon im Polenfeldzug vom September 1939 trug dieses extreme Feindbild zur Brutalisierung der deutschen Kriegsführung und der anschließenden Besatzungspolitik bei. Mit dem Überfall auf die Sowjetunion nahm es dann noch verheerendere Züge an. Ein im Mai 1941 ausgegebener militärischer Tagesbefehl beschwor erneut den «alte[n] Kampf der Germanen gegen das Slawentum», rechtfertigte den bevorstehenden Krieg gegen die Sowjetunion als «Verteidigung europäischer Kultur gegen moskowitisch-asiatische Überschwemmung» und «Abwehr des jüdischen Bolschewismus». Dieser Abwehrkampf müsse «die Zertrümmerung des heutigen Russland zum Ziel» haben und «mit unerhörter Härte» geführt werden: «Jede Kampfhandlung muss in Anlage und Durchführung von dem eisernen Willen zur erbarmungslosen, völligen Vernichtung des Feindes geleitet sein.» Solche Vorgaben fassten die Grenzen der im Krieg gegen den «Rassenfeind» erlaubten, ja erwünschten Gewalt sehr weit. Sie sollten auch die Wehrmachtssoldaten (und nicht nur die Angehörigen der SS-Einsatzkommandos und Polizeibataillone), wie es in einem im Oktober 1941 an alle Soldaten verteilten weiteren Armeebefehl hieß, zum «Träger einer unerbittlichen völkischen Idee und [...] Rächer für alle Bestialitäten, die deutschem und artverwandtem Volkstum zugefügt wurden», machen und zur «erbarmungslosen[n] Ausrottung artfremder Heimtücke und Grausamkeit» ermuntern.

Die millionenfach rezipierte Indoktrination ist nicht ohne Folgen geblieben und hat auch nach dem Krieg noch eine Weile fortgewirkt. Jedenfalls blieb das (west)deutsche Slawenbild der 1950–60er-Jahre ambivalent. Sowohl in den Debatten über die zunächst nicht aufgegebenen deutschen Ansprüche auf die 1945 verloren gegangenen Ostgebiete als auch im Rahmen des neuen, zu einer Auseinandersetzung zwischen freiem «Abendland» und despotischem Sowjetkommunismus stilisierten West-Ost-Konflikts blieben zahlreiche Elemente des Antislawismus virulent. Während in der DDR von Anfang an ein positives Slawenbild staatlich verordnet und im Rahmen der «sozialistischen Freundschaft» propagandistisch gepflegt wurde, setzte in der BRD erst die «neue Ostpolitik» der späten 1960er–70er-Jahre eine Neubestimmung des Verhältnisses zum europäischen Osten und damit eine Modifizierung der Bilder und Vorstellungen von «den Slawen» in Gang.

Nach der Epochenwende von 1989 mündete die eingetretene Pazifizierung und Neutralisierung des Slawenbildes schließlich in dessen weitgehende Bedeutungsentleerung. Von «den Slawen» ist heute jedenfalls weder in positivem noch negativem Sinn, weder in institutionellen Kontexten noch im Zusammenhang konkreter Konflikte weiterhin die Rede. In der Kommunikation und Kooperation, in den Zwisten und Konfrontationen, die das Verhältnis zwischen nicht-slawischsprachigen und slawischsprachigen Teilen Europas heute bestimmen, spielt die Kategorie «die Slawen» keine erkennbare Rolle mehr. Vielmehr werden die slawischsprachigen Nationen als eine bunte Vielfalt selbstbewusster Eigengebilde wahrgenommen, die man so wenig wie Engländer, Skandinavier, Holländer und Deutsche als «Germanen» oder Franzosen, Spanier, Portugiesen und Italiener als «Romanen» als «Slawen» in einen Topf werfen will.

3. Die Slawische Idee im Zeitalter der Extreme

Auch innerhalb der slawischsprachigen Welt besitzt die Slawische Idee heute keine identitätsstiftende Wirkung mehr. Die marginalen Versuche, sie in der postsozialistischen Neupositionierung oder postmodernen Selbstfindung als politisches, soziales oder mentales Heilmittel einzusetzen, gingen bzw. gehen allein von abseitigen, esoterischen Splittergruppen aus. Im vorangegangenen «Zeitalter der Extreme» vermochte der Appell an slawische Einheit und Wechselseitigkeit dagegen zumindest vorübergehend noch einmal eine gewisse Wirkung zu entfalten. Das geschah weniger im Kontext des Ersten Weltkriegs, in dem das russische Zarenreich gelegentlich panslawisch argumentierte, um seinen Beistand für Serbien zu begründen, die eigene Bevölkerung zur Verteidigung des Vaterlandes zu mobilisieren und slawischsprachige Soldaten aus der österreichisch-ungarischen Armee zum Überlaufen zu bewegen. Auch die neoslawischen Versatzstücke, mit denen die tschechischen Politiker Tomáš G. Masaryk und Edvard Beneš am Ende des Ersten (wie auch des Zweiten) Weltkriegs in Wirklichkeit nur für die Einheit und Unabhängigkeit ihrer eigenen Nation kämpften, blieben für die anderen Slawen uninteressant. Der einzige breiter angelegte Versuch, mit der Slawischen Idee noch einmal alle slawischsprachigen Völker zu erreichen, ging von Josef Stalin aus. Mit den Machtmitteln des Alleinherrschers propagierte er einen sowjetischen Panslawismus, dem in der besonderen Situation des Abwehrkampfes gegen das nationalsozialistische Deutschland und der Errichtung einer sozialistischen Nachkriegsordnung vorübergehend tatsächlich ein gewisser Erfolg beschieden war. Die Renaissance der Slawischen Idee in stalinistisch-sozialistischem Gewand war durch eine Neuausrichtung der Sowjetpropaganda vorbereitet worden, die das internationalistische Selbstverständnis des Regimes durch eine explizit nationale, auf russisch-völkische Kategorien zurückgreifende Selbstbeschreibung ersetzt hatte. Bereits der sowjetische Überfall auf das östliche Polen im September 1939 konnte in diesem Sinn als eine national-völkische Tat legitimiert werden: Man habe die ostslawischen «Brudervölker» der Ukrainer und Weißrussen von polnischer Ausbeutung und Unterdrückung befreien müssen. War die sowjetische Instrumentalisierung slawischer Solidarität hier auf die Gemeinschaft der Ostslawen beschränkt geblieben, der Gegensatz von Ost- und Westslawen aber zum

Krieg gesteigert worden, so nahm sie nach dem 22. Juni 1941 das gesamte Slawentum in Anspruch.

Die militärische Katastrophe des deutschen Überfalls zwang Stalin, über die bestehenden innerslawischen Gegensätze hinwegzusehen und alle slawischen Völker als Verbündete zu gewinnen – möglichst auch die Bulgaren, Kroaten und Slowaken, die (noch) auf der deutschen Seite standen. So rief das sowjetische Radio Anfang August 1941 zu slawischer Solidarität und einem gemeinsamen Kampf gegen den deutschen Faschismus auf. Gleichzeitig bemühte sich die Sowjetführung um die Konstituierung eines internationalen Allslawischen Komitees, für das u. a. der Serbe Milan Gavrilović, der Ukrainer Oleksandr J. Korniyčuk und die Polin Wanda Wasilewska gewonnen werden konnten und das am 10./11. August alle slawischen Völker zu einem «heiligen Krieg» gegen Hitler aufrief. Wenige Tage später lieferte der Chefpropagandist des sowjetischen Panslawismus, Emel'jan M. Jaroslavskij, in einer Broschüre mit dem Titel «Der Kampf der slawischen Völker gegen den deutschen Faschismus» eine ausführlichere Begründung der beschworenen panslawischen Kampfgemeinschaft nach. Dabei schrieb er der Sowjetunion die Rolle der maßgeblichen Schutzmacht und dem russischen Volk die Funktion zu, «die Stütze und das Bollwerk der Freiheit aller slawischen Völker» zu sein. Seine Folgerung, «ohne Russland kann es kein Slawentum geben», ließ keinen Zweifel daran, dass auch der sowjetische Panslawismus letztlich nichts anderes als eine imperial-russische Vorherrschaft anstrebte.

Das wurde umso deutlicher, je näher der sowjetische Sieg über Deutschland rückte und an die Stelle des Abwehrkampfes, für den mit «slawischen Kongressen» und einer Zeitschrift (*Slavjane*) auch Emigrantenkreise in England und den USA gewonnen werden sollten, die offensive Aufgabe trat, im östlichen Europa eine neue, sowjetisch-sozialistische Ordnung zu begründen. Auch für dieses Anliegen griff Stalin auf die Slawische Idee zurück. Diese musste nun allerdings aus einem defensiven Instrument der Motivierung zu gemeinsamer Abwehr in ein offensives Instrument der Legitimierung einer expansiven sowjetisch-sozialistischen Mission umgedeutet werden. Das gelang im

Verein mit den – zumeist im Moskauer Exil geschulten – kommunistischen Eliten der 1944/45 wiedererstandenen ostmittel- und südosteuropäischen Staaten erstaunlich gut. Jedenfalls machten sich die polnischen, tschechoslowakischen, bulgarischen und jugoslawischen Parteikader die Slawische Idee in ihrem Kampf um die Etablierung einer neuen Gesellschaftsordnung durchweg – wenn auch in unterschiedlicher Weise und Intensität – für eine Weile zu eigen. Sie propagierten mit ihrer Hilfe die Freundschaft der slawischen Nationen unter sowjetischer Führung, beschworen den «großen slawischen Damm», der eine künftige deutsche Aggression aufhalten werde, und schufen für die einschlägige Agitation mit Freundschaftsgesellschaften und «Slawischen Komitees» auch eine gewisse organisatorische Basis.

Auch von Moskau aus wurde die «neue slawische Bewegung», wie sie dort seit Ende 1944 offiziell genannt wurde, in Komitees und Kongressen weiter gefördert. Den Sitz des Allslawischen Komitees hatte Stalin bei Kriegsende nach Belgrad verlegen lassen. Damit wollte er nicht nur dem traditionellen russischen Interesse am Balkan Ausdruck verleihen, sondern auch seinem zu diesem Zeitpunkt noch wichtigsten sozialistischen Verbündeten, dem jugoslawischen Ministerpräsidenten Josip Broz Tito, entgegenkommen. Dieser durfte dann auch im November 1946 in Belgrad einen großen internationalen Slawenkongress ausrichten, zu dem nicht nur Delegierte aus den fünf slawischen Nachkriegsstaaten (UdSSR, Jugoslawien, Polen, Tschechoslowakei und Bulgarien), sondern auch Vertreter slawischer Gemeinschaften aus nicht-slawischen europäischen Ländern (z. B. die Sorben aus der SBZ) sowie aus Übersee anreisten. Der viertägige Kongress versammelte, wie Tito in seiner Eröffnungsrede betonte, «die Slawen [...], um die Einheit, die mit so viel Blut und Leid im letzten Befreiungskrieg errungen wurde, noch stärker zu festigen [...], um gemeinsam ein für allemal dafür zu sorgen, dass die slawischen Völker nicht mehr in Spaltung verharren, sondern im Interesse aller slawischen Völker und der gesamten fortschrittlichen Menschheit geeint sein werden». Auch diese Worte entpuppten sich rasch als leere Phrasen. Der

Kongress war am Ende nicht der Auftakt zu einer großen Slawischen Union, sondern ein Abgesang auf den sowjetischen Panslawismus. Dieser hatte sich schon in der notwendigen Rücksichtnahme auf die nicht-slawischen Mitglieder des entstehenden Ostblocks (Albanien, Rumänien, Ungarn, die künftige DDR) als obsolet erwiesen. Der wenig später (1948) eintretende Bruch zwischen Stalin und Tito und der parallel eröffnete «Kalte Krieg» entzogen der völkischen Rhetorik schließlich jegliche Grundlage. Das Feld der politischen Ost-West-Kommunikation wurde wieder ganz dem Gegensatz der ideologischen Systeme überlassen. So hallte die Slawische Idee seit 1948 im Ostblock bis zu dessen Auflösung allenfalls noch in Gestalt einer vergleichsweise intensiven slawistischen und archäologischen Forschung und ihren regelmäßigen wissenschaftlichen «Slawenkongressen» nach. Doch auch diese Diskursebene verflüchtigte sich nach 1989/1991. Dass es in naher Zukunft zu einer erneuten Wiederbelebung der Slawischen Idee kommt, erscheint derzeit unwahrscheinlich – doch sollte sich der Historiker mit Vorhersagen tunlichst zurückhalten.

Literaturhinweise

Die Hinweise bleiben auf ausgewählte, für den Zusammenhang der jeweiligen Kapitel relevante deutsch- und englischsprachige Titel beschränkt und bieten daher nur einen kleinen, eher zufälligen Ausschnitt aus der kaum überschaubaren, im Übrigen überwiegend slawischsprachigen Forschungsliteratur.

Die Slawen im frühen Mittelalter

Barford, P. M.: The Early Slavs. Culture and Society in Early Medieval Eastern Europe, London–New York 2001.

Biermann, Felix: Slawische Besiedlung zwischen Elbe, Neiße und Lubsza. Archäologische Studien zum Siedlungswesen und zur Sachkultur des frühen und hohen Mittelalters, Bonn 2000.

Brather, Sebastian: Archäologie der westlichen Slawen. Siedlung, Wirtschaft und Gesellschaft im früh- und hochmittelalterlichen Ostmitteleuropa, Berlin u. a. 2001.

Curta, Florin: The Making of the Slavs. History and Archaeology of the Lower Danube Region, ca. 500–700, Cambridge 2001.

Frühe Slawen in Mitteleuropa. Schriften von Kazimierz Godłowski, hrsg. von Jan Bemmann/Michał Parczewski, Neumünster 2005.

Frühmittelalterliche Ethnogenese im Alpenraum, hrsg. von Helmut Beumann/Werner Schröder, Sigmaringen 1985.

Geary, Patrick J.: Europäische Völker im frühen Mittelalter. Zur Legende vom Werden der Nationen, Frankfurt a. M. 2002.

Goehrke, Carsten: Frühzeit des Ostslaventums, Darmstadt 1992.

Heather, Peter J.: Invasion der Barbaren. Die Entstehung Europas im ersten Jahrtausend nach Christus, Stuttgart 2011.

Parczewski, Michał: Die Anfänge der frühslawischen Kultur in Polen, Wien 1993.

Pohl, Walter: Die ethnische Wende des Frühmittelalters und ihre Auswirkungen auf Ostmitteleuropa, Leipzig 2008.

Słupecki, Leszek: Slavonic Pagan Sanctuaries, Warszawa 1994.

Urbańczyk, Przemysław: Herrschaft und Politik im frühen Mittelalter. Ein historisch-anthropologischer Essay über gesellschaftlichen Wandel und Integration in Mitteleuropa, Frankfurt a. M. u. a. 2007.

Ziemann, Daniel: Vom Wandervolk zur Großmacht. Die Entstehung Bulgariens im frühen Mittelalter (7.–9. Jahrhundert), Köln u. a. 2007.

Živković, Tibor: Forging Slavic Unity. The South Slavs between East und West, 550–1150, Belgrade 2008.

Die Slawen und ihre mittelalterlichen Nationswerdungen

Berend, Nora/Urbańczyk, Przemysław/Wiszewski, Przemysław: Central Europe in the High Middle Ages. Bohemia, Hungary and Poland, c. 900–c. 1300, Cambridge 2013.

Curta, Florin: Southeastern Europe in the Middle Ages 500–1250, Cambridge 2006.

Franklin, Simon/Shepard, Jonathan: The Emergence of Rus 750–1200, London–New York 1996.

Katičić, Radoslav: Literatur- und Geistesgeschichte des kroatischen Frühmittelalters, Wien 1999.

Lübke, Christian: Die Deutschen und das europäische Mittelalter: Das östliche Europa, Berlin 2004.

Mühle, Eduard: Die Piasten. Polen im Mittelalter, München 2011.

Rüß, Hartmut: Das Reich von Kiev, in: Handbuch der Geschichte Russlands. Band 1, hrsg. von Manfred Hellmann, Stuttgart 1981, S. 199–424.

Šišić, Ferdinand von: Geschichte der Kroaten. Erster Teil (bis 1102), Zagreb 1917.

Turg-Santiago, Edita: Probleme der Herrschaftsbildung im mittelalterlichen Serbien (bis zum ausgehenden 12. Jahrhundert), Frankfurt a. M. 1984.

Zentralisierungsprozesse und Herrschaftsbildung im frühmittelalterlichen Ostmitteleuropa, hrsg. von Przemysław Sikora, Bonn 2014.

Die mittelalterliche deutsch-slawische Kontaktzone

Auf dem Weg zum *Germania Slavica*-Konzept. Perspektiven von Geschichtswissenschaft, Archäologie, Onomastik und Kunstgeschichte seit dem 19. Jahrhundert, hrsg. von Sebastian Brather/Christine Kratzke, Leipzig 2005.

Biermann, Felix: Archäologische Studien zum Dorf der Ostsiedlungszeit. Die Wüstungen Miltendorf und Damsdorf in Brandenburg und das ländliche Siedlungswesen des 12.–15. Jahrhunderts in Ostmitteleuropa, Wünsdorf 2010.

Brüske, Wolfgang: Untersuchungen zur Geschichte des Lutizenbundes. Deutschwendische Beziehungen des 10.–12. Jahrhunderts, Köln–Wien ²1983.

Burlach, Doris: Ausgrenzung, Eingrenzung, Assimilation? Slawen und Deutsche im mittelalterlichen Handwerk des südlichen Ostseeraums und Brandenburgs, in: Hansische Geschichtsblätter 124 (2006), S. 71–91.

Die Slawen in Deutschland. Geschichte und Kultur der slawischen Stämme westlich von Oder und Neisse vom 6. bis 12. Jahrhundert. Ein Handbuch, hrsg. von Joachim Herrmann, Berlin ²1985.

Donat, Peter/Reimann, Heike/Willich, Claudia: Slawische Siedlung und Landesausbau im nordwestlichen Mecklenburg, Stuttgart 1999.

Fritze, Wolfgang H.: Die Begegnung von deutschem und slawischem Ethnikum im Bereich der hochmittelalterlichen deutschen Ostsiedlung, in: Siedlungsforschung 2 (1984), S. 187–219.

Gringmuth-Dallmer, Eike: Siedlungshistorische Voraussetzungen, Verlauf und Ergebnisse des hochmittelalterlichen Landesausbaus im östlichen Deutschland, in: Grundherrschaft und bäuerliche Gesellschaft im Hochmittelalter, hrsg. von Werner Rösener, Göttingen 1995, S. 320–358.

Kempke, Torsten/Lübke, Christian: Polens Nachbarn im Nordwesten: Das Land zwischen Niederelbe und Oder im 11. Jahrhundert, in: The Neighbours of Poland in the 11th Century, hrsg. von Przemysław Urbańczyk, Warsaw 2002, S. 61–88.

Kirsch, Kerstin: Slawen und Deutsche in der Uckermark. Vergleichende Untersuchungen zur Siedlungsentwicklung vom 11. bis zum 14. Jahrhundert, Stuttgart 2004.

Lübke, Christian: Die Elbslaven – Polens Nachbarn im Westen, in: The Neighbours of Poland in the 10th Century, hrsg. von Przemysław Urbańczyk, Warsaw 2000, S. 61–77.

Schich, Winfried: Zum Ausschluß der Wenden aus den Zünften nord- und ostdeutscher Städte im späten Mittelalter, in: Nationale, ethnische Minderheiten und regionale Identitäten in Mittelalter und Neuzeit, hrsg. von Antoni Czachorowski, Toruń 1994, S. 31–51.

Schich, Winfried/Strzelczyk, Jerzy: Slawen und Deutsche an Havel und Spree. Zu den Anfängen der Mark Brandenburg, Hannover 1997.

Siedlung und Verfassung der Slawen zwischen Elbe, Saale und Oder, hrsg. von Herbert Ludat, Gießen 1960.

Slawen und Deutsche im südlichen Ostseeraum vom 11. bis 16. Jahrhundert, hrsg. von Michael Müller-Wille u. a., Neumünster 1995.

Strzelczyk, Jerzy: Die slawische Minderheit in Deutschland im Spätmittelalter und früher Neuzeit am Beispiel der Nachkommen von Dravänopolaben im Hannoverschen Wendland, in: Nationale, ethnische Minderheiten und regionale Identitäten in Mittelalter und Neuzeit, hrsg. von Antoni Czachorowski, Toruń 1994, S. 69–94.

Weigel, Petra: Slawen und Deutsche. Ethnische Wahrnehmungen und Deutungsmuster in der hoch- und spätmittelalterlichen Germania Slavica, in: Ostsiedlung und Landesausbau in Sachsen, hrsg. von Enno Bünz, Leipzig 2008, S. 47–94.

Die Erfindung slawischer Zusammengehörigkeit in der Vormoderne

Drews, Peter: Herder und die Slaven. Materialien zur Wirkungsgeschichte bis zur Mitte des 19. Jahrhunderts, München 1990.

Fine, John: When Ethnicity did not matter in the Balkans. A Study in Pre-Nationalist Croatia, Dalmatia and Slavonia in the Medieval and Early Modern Periods, Ann Arbor 2006.

Graus, František: Die Nationenbildung der Westslawen im Mittelalter, Sigmaringen 1980.

Kadić, Ante: Križanić and his Predecessors – the Slavic Idea among the Croatian Baroque Writers, in: Juraj Križanić (1618–1683). Russophile and Ecumenic Visionary, hrsg. von Thomas Eekman/Ante Kadić, The Hague 1986, S. 147–164.

Lauer, Reinhard: Schlözer und die Slawen, in: August Ludwig (von) Schlözer in Europa, hrsg. von Heinz Duchhardt/Martin Espenhorst, Göttingen 2012, S. 23–40.

Mühle, Eduard: Die Slaven im Mittelalter, Berlin 2016.

Plokhy, Serhii: The Origins of the Slavic Nations. Premodern Identities in Russia, Ukraine, and Belarus, Cambridge 2006.

Pollack, Friedrich: Die Entdeckung des Fremden. Wahrnehmung und Darstellung der Lausitzer Sorben im gelehrten Schrifttum des 17. und 18. Jahrhunderts, Bautzen 2012.

Schröder, Henning: Slawen und Deutsche im Hannoverschen Wendland. Wahrnehmungsgeschichtliche Aspekte in der Frühen Neuzeit, Bielefeld 2010.

Tolochko, Oleksiy P.: The Primary Chronicle's ‹Ethnography› Revisited: Slavs and Varangians in the Middle Dniepr Region and the Origin of the Rus' State, in: Franks, Northmen, and Slavs. Identities and State Formation in Early Medieval Europe, hrsg. von Ildar H. Garipzanov u. a., Turnhout 2008, S. 169–188.

Verkholantsev, Julia: St. Jerome, Apostle to the Slavs, and the Roman Slavonic Rite, in: Speculum 87 (2012), S. 37–61.

Zeil, Wilhelm: Slawistik in Deutschland. Forschung und Informationen über die Sprachen, Literaturen und Volkskulturen slawischer Völker bis 1945, Köln u. a. 1994.

Die Slawen und die Slawische Idee in der Neuzeit

Approaches to Slavic Unity. Austro-Slavism, Pan-Slavism, Neo-Slavism, and Solidarity Among the Slavs Today, hrsg. von Krzysztof A. Makowski/Frank Hadler, Poznań 2013.

Brather, Sebastian: Slawenbilder, ‹Slawische Altertumskunde› im 19. und 20. Jahrhundert, in: Archeologické rozhledy 53 (2001), S. 717–751.

Der Austroslavismus. Ein verfrühtes Konzept zur politischen Neugestaltung Mitteleuropas, hrsg. von Andreas Moritsch, Wien u. a. 1996.

Der Prager Slavenkongreß 1848, hrsg. von Andreas Moritsch, Wien u. a. 2000.

Die Slawische Idee, hrsg. von Andreas Moritsch, Bratislava 1992.

Gemeinsam einsam: Die Slawische Idee nach dem Panslawismus, hrsg. von Agnieszka Gąsior u. a., Berlin 2009.

Hoeres, Peter: Die Slawen. Perzeptionen des Kriegsgegners bei den Mittelmächten. Selbst- und Feindbild, in: Die vergessene Front. Der Osten 1914/15, hrsg. von Gerhard P. Groß, Paderborn u. a. 2006, S. 179–200.

Kohn, Hans: Die Slawen und der Westen. Die Geschichte des Panslawismus, 1956.

Lammich, Maria: Das deutsche Osteuropabild in der Zeit der Reichsgründung, Boppard 1978.

Milojković-Djurić, Jelena: Panslavism and National Identity in Russia and in the Balkans 1830–1880. Images of the Self and Others, Boulder–New York 1996.

Mühle, Eduard: Für Volk und Deutschen Osten. Der Historiker Hermann Aubin und die deutsche Ostforschung, Düsseldorf 2005.

Post-Panslavismus. Slavizität, Slavische Idee und Antislavismus im 20. und 21. Jahrhundert, hrsg. von Agnieszka Gąsior/Lars Karl/Stefan Troebst, Göttingen 2014.

Schaller, Helmut: Der Nationalsozialismus und die slawische Welt, Regensburg 2002.

Wette, Wolfram: ‹Rassenfeind›. Antisemitismus und Antislawismus in der Wehrmachtpropaganda, in: Die Wehrmacht im Rassenkrieg. Der Vernichtungskrieg hinter der Front, hrsg. von Walter Manosch, Wien 1996, S. 55–73.

Wippermann, Wolfgang: Antislavismus, in: Handbuch der «Völkischen Bewegung» 1871–1918, hrsg. von Uwe Puschner u. a., München ²1999, S. 512–524.

Register der Personen und ethnischen Gruppen